中村 明

Nakamura, Akira

五感にひびく日本語

青土社

五感にひびく日本語　目次

はじめに　7

第一章　体ことばの慣用句　11

頭…12　顔…18　額…22　眉…23　瞼…25　睫毛…26　目…27
瞳…36　目尻…37　耳…38　鼻…42　口…46　唇…49　舌…50
歯…52　頬…53　顎…55　首…56　肩…58　胸…61　心臓…65
肝…66　腹…66　臍…70　背…71　腰…72　尻…74　腕…77
手…78　指…83　膝…83　足…85　身…88　骨…91

第二章　イメージに描く慣用表現　95

愛嬌がこぼれる…96
お灸を据える…99
壁にぶつかる…103
匙を投げる…107
箍が弛む…111
ねじを巻く…115
腫れ物に触る…118
家賃が高い…121

第三章　抽象観念も感覚的に　129

明暗……130
色彩……133
形状……136
音響……138
味覚……140
痛痒……141
寒暖……145
乾湿……146
触感……147

第四章　喜怒哀楽を体感的に　151

歓喜……152
憤怒……157
悲哀……162
恐怖……167
羞恥……171
恋情……173
厭悪……176
興奮……180
安堵……184
驚愕……186

第五章　比喩イメージの花ひらく　189

光――光の澱……192
翳――夜の脈搏……193
色――カーンと冴える……194
音――音のない音……195
声――悲しいほど美しい声……197
黙――艶消しの沈黙……199
匂――沈んでいた女の匂い……200
味――ソースをかけた靴……202
触――空気を濃くする……203
春――ねっとりとした春……204
夏――蚊の鳴き声……205
秋――秋の夕陽に熟れて……206
冬――下界に舞う風の花……206
時――海鼠のような現在……207
命――死を漉して貯める……209
死――季節の移るよう……210
一生――まだ一塁じゃないか……211
空――海を映す鏡……212
日――血の気も失せて……214
月――ためらうような光……215

星——寒気が磨き出す…216
風——毛髪を吹きほじる…218
霧——胸をキュンと…220
雪——大気をおしわける…222
火——べろべろと…224
海——真赤な声を潜めて…226
山——どてら姿の大親分…228
花——夢のしたたり…230
猿——憂鬱そうに空を仰ぐ…233
猫——歯牙にも掛けぬ風情…234
象——横文字の新聞…236
蛙——ぼろんぼろん…238
魚——虹のような脱糞…240
額——むくむくと…242
眼——咲くという眼なざし…243
頬——陰気な笑窪…245
口——皮がむけて来そう…247
顎——ふくふくと…249
頸——薄黄色いかげり…251
乳——ありがたいふくらみ…254
手——甘やかされ…256
肌——とろとろと飴のよう…259
印象——夜の川…261

空気——先祖の霊…217
雲——眼に見える風…219
雨——葱をちぎって放る…221
雷——大気を引き裂く…223
水——月光の滴り…225
川——痙攣の発作…227
木——床屋に行かない頭…229
葉——風にほどける…232
犬——選挙のポスター…234
鼠——給食の時間…235
雲雀——空気が蚤に…237
虫——煙のような声…239
髪——闇が染める…241
睫毛——影を落とす…242
耳——あたりが透き徹る…244
鼻——顔中にはびこる…246
歯——キラリと…248
顔——のっぺらぼう…250
肩——鬱陶しい触感…252
腰——牛乳瓶のよう…255
脚——無防備な膝の裏…257
姿——風に吹かれているような…260
美——詩は小説の息…263

五感にひびく日本語

はじめに

世界中、どの国に生まれ育ち、どこで生きようと、通常の人間は頭で考え、目で見、耳で聞いて、鼻で嗅ぎ、舌で味わい、肌で感じる。だが、そうして得た情報を他人に伝えようとすると、頭から頭へ、目から目に、直接それを移すわけにはいかない。多くは自分のことばで解釈し、その情報を発信する。その際、日本語なり英語なり中国語なりフランス語なり、その人間の習得した言語で伝えることになるから、すべてまったく同一の内容となって伝わるとは限らない。

論理的な情報の骨格はほぼ似ているとしても、それぞれの表現によってニュアンスの差が生じることは避けられない。それには、個人の性格や好みによって微差が生じるという個別の問題ももちろんある。そういう個人差よりずっと深いところに、土台としてまず、それぞれの言語体系の違いがあり、さらに、その民族の歴史や伝統として息づいている言語習慣の特徴が、そこにおのずと反映するという面も、けっして無視することはできない。

異国の人の顔立ちで「感性的経験では知り得ない、時空間を超越した存在」などと難解そうな哲学的言辞を弄するのを耳にしてもさほど驚かない人でも、その相手の口から「目が肥えている」「鼻息をうかがう」「あいた口がふさがらない」「のどから手が出る」「胸を轟かす」「腹を探る」「へそで茶を沸かす」といった表現が次々飛び出したら、いったいどういう人間かと、日本人はその相手の顔をまじまじと見つめるかもしれない。自分のアイデンティティーが揺らぐような不安が兆し、どこか落ち着かない気分になるからである。

日本に生まれ育った日本人は、資質や態度や心情や欲求や期待や推察や可笑《おか》しみのような、直接には感覚でとらえられないはずの対象でも、このように体の部分を使って感覚的に表現しようとしてきたのだろう。その結果、日本語にはいわば五感に響く慣用句が目立って多い。知らず知らずのうちに、具体化して体に直接響かせるその種の表現にこそ、民族性という血のつながりの意識が働くのだろう。そのせいで、いかにも日本語らしい慣用表現に出あうと、どうしても日本人の風貌を思い描く。そのため、日本人らしからぬ顔立ちの人が、五感に響くこなれた表現をあまりに流暢《りゅうちょう》にあやつる現場に居合わせると、日本人は体感的に気味の悪い違和感を覚えてしまうのかもしれない。

いつかそれが価値観にもしみこみ、日本人は一般に、抽象を避け、具象を好む傾向がきわめて強い。もはやそれが民族性となっているようにさえ思える。「考えは立派そうだが、まるで具体性がない」といった表現は、この国ではまあまあといった中途半端な評価とはならず、それだけで明らかに大きなマイナス評価となる。この事実は、日本人が抽象的な存在を信用せず、あくまで具象性に信頼を置いてきた長い歴史の名残のように思われる。

この本では、まず、そういう日本人らしい日本語表現として、体の部分を用いた慣用句が驚くほど豊富な実態を、その部位ごとに概観する。

次に、それ以外の言いまわしでも、日本人が具体的な感覚に訴える表現をいかに愛用してきたかを振り返り、日本語に、その種の慣用表現がいかに豊かであるかを実感できるよう、五感に響く表現の沃野を散策してみたい。

抽象観念さえ日本人はできるだけ具体的なイメージをとおして感覚的に把握しようと試みてきた。そこで、その次の章では、文学作品から採集した実例をもとに、【明暗】【色彩】【形状】【音響】【味覚】【痛痒】【寒暖】【乾湿】【触感】という感覚系統に分けて、その実際を分析的に鑑賞しよう。

今度は、人間の感情を表すいわゆる喜怒哀楽の表現を、やはり文学作品から採集した実例をもとに、【喜び】【怒り】【哀しみ】【怖れ】【恥しさ】【好き】【嫌い】【昂り】【安らか】【驚き】に一〇分類した感情の種類ごとに、作家の工夫の見られる表現を分析的に鑑賞し、その豊かさを実感したい。

そうして最後に、簡単な比喩概説に続き、やはり各作家の文学作品から読者が目をみはるような比喩表現の例を選び出し、【光】【翳】【色】【音】【声】【黙】【匂】【味】【触】【春】【夏】【秋】【冬】【時】【命】【死】【一生】【空】【日】【月】【星】【空気】【風】【雲】【霧】【雨】【雪】【雷】【火】【水】【海】【川】【山】【木】【花】【葉】【猿】【犬】【猫】【鼠】【象】【雲雀】【蛙】【虫】【魚】【髪】【額】【睫毛】【眼】【耳】【頬】【鼻】【口】【歯】【顎】【顔】【頸】【肩】【乳】【腰】【手】【脚】【肌】【姿】

【印象】【美】という六六のトピックごとに、華麗な比喩イメージを鑑賞し、その奥に日本人の想像力を照らし出そう。

『日本語の作法』に引き続き、青土社の村上瑠梨子さん・加藤峻さんの編集に恵まれた。村上さんは『美しい日本語』から三連投となる。ぴたりと息の合った名コンビのお二人、その創意・感性・情熱の賜物と、このたびも心より深い感謝の気持ちを伝えたい。

二〇一九年　師走の足音近く

東京小金井の自宅にて　中　村　　明

第一章

体ことばの慣用句

頭

表現の日本語らしさを象徴する、五感に響く慣用句を、身体部位別に、体の上のほうから順に眺めてみよう。まず目に入るのは、ふつう頭に生えている髪の毛のはずだ。晩秋から初冬にかけて抜け落ちる髪の毛をさす「木の葉髪」という語は、落葉のイメージを呼びこみ、冬の季語となっている。そういう連想から比喩的に成立したことばにはちがいないが、髪から派生してまったく別の意味を象徴的に表す用法はないようだから、これ自体は一つの単語であり、慣用句とは言えない。

また、「髪を引っぱる」という表現も、「足を引っぱる」という慣用句とは違って、手で髪を実際に引っぱる場合にしか使わないから、慣用句としての派生的意味合いを帯びてはいない。「髪の毛をかきむしる」という表現も同様だ。そのため頭髪についてはふれず、ここは頭からいきなり、髪の生える土台となっているほうの、ずばり「頭」にまつわる慣用句の例から始め、考察を試みよう。

「頭のてっぺんから足の爪先まで」という言いまわしがあるが、これはどうか。この表現は、文字どおり、人体の最上部から最下部まで、すなわち、人間の全身をさして使う場合もあるが、そこから派生して、ある対象についてそのすべて、何もかも全部という意味合いに広げて使う場合もある。そういう例であれば、慣用句に近い用法と認定できる。

「頭隠して尻隠さず」という言いまわしも、幼い子供が頭の部分を見えないように隠して、当人は自分が外から見えないつもりで安心しているのに、お尻の部分が丸見えになっていて、すぐばれてしまう、そんなかくれんぼの一場面であれば、そういう文字どおりの意味になるが、これもまた、そこから派生して、悪事や欠点をすべて隠したつもりで安心しているのに、実際にはその一部がすでに露見していて、当人はそのことに気づかない、そんな意味でもよく使われ、その場合は愚かなようすのたとえに広がる。

頭だけ真っ黒な鼠《ねずみ》の品種は知られていないから、「頭の黒い鼠」という言い方で実際の鼠をさす用法はない。中年を越えるまで多くの日本人の髪はおおむね黒っぽいので、これは金品をこそこそごまかしてかすめとる人間を、見えないところで食いものをあさる鼠のイメージに置き換えて、遠まわしに伝える比喩的な表現である。

自分が失敗したことに気づいて恥ずかしがったり、人前で褒められて照れくさかったりすると、日本人はよく後頭部に手を当てて軽く指を動かす動作をすると言われる。「頭を掻く」という表現はその行為を表すが、派生的な意味合いにまで広がっていないので、典型的な慣用句の域に達していない。

たくさん物を持って両手がふさがっている人が足で戸を開けようとする場面を時折見かける。中には「頭を使え」と言われて、その際に頭まで動員する人もある。そうなると、手の代わりに頭部を物理的に活用することになり、いささか落語じみてくる。日常場面で「頭を使う」と言えば、頭の中にある脳を働かせて思考活動をおこなうことを意味する。

その思考活動が迅速に活発に展開できれば「頭の回転が速い」となり、深く鋭い考えが閃《ひらめ》く人は「頭が切れる」と評価される。

一方、そういう思考力や理解力の柔軟性に欠け、多様な考え方に対応できない融通の利かない状態の場合は「頭が固い」という慣用句が使われる。ただし、この表現は、頭蓋骨が堅固で頭が物理的に頑丈な場合にも使われ、その場合は慣用句とはならない。

「頭が古い」という表現は、頭部が経年劣化したわけではなく、頭が固いために考え方に柔軟性が欠如して進歩が見られず、もはや時代遅れとなっている思考傾向をさす慣用句である。

「頭に描く」というのも、頭の表面にいたずら書きすることではなく、過去・現在・未来のさまざまな事柄を思い浮かべる想像作用をさしている。この場合、脳という存在を油絵のカンバスのようなイメージでとらえた表現である。それが一瞬の出来事で、イメージがすぐ消えてしまえば「頭をよぎる」となる。「頭をかすめる」という表現は、イメージの一部が脳裏をよぎり、さらに短い時間で消え去るという印象が強くなる。

「頭に入れる」は、頭の中、すなわち脳に納めるというイメージから、考慮する、記憶にとどめる、といった意味合いの慣用句となる。「頭の一角を占める」という慣用句は、それだけを考えるわけではないが、そのこともつねに記憶のどこかにある、といった意味合いだろう。「頭の片隅に置く」となると、考えの中心には位置しないまでも、ともかく忘れないでおくという謙虚な表現に感じる。

「頭をひねる」は具体的には首から上を斜めに曲げる動作を意味し、「首をひねる」と言うことも多い。一瞬にして妙案が思いつかず、あれこれ考えてみる場合に、頭部を傾けるしぐさをする傾向があるからだろう。昔の「貸家」と書いた貼り札がしばしば斜めに貼ってあったのは、よく考える場合にそんな恰好《かっこう》をするからその角度に合わせたのだというもっともらしい説明を聞いたこともある。首を曲げる方向は人によって違うから、あまり当てにはならない。まっすぐ貼るより目立つと考えただけかもしれない。

「頭を悩ます」という表現は、むろん頭に対して、悩むように働きかけるという意味ではない。どう対処するのが効果的かなかなか判断がつかず、困って考え込むことをさす。似たような意味合いで「頭を抱える」という表現も使う。自分の頭を後ろから両手で包み込むように覆うというのが基本的なイメージだろうが、それは冷え込むからでも、相手の攻撃から後頭部を守るためでもなく、難題にぶつかるなど、思案に暮れ、困り果てて考え込む場合などに人間がしばしば見せるしぐさである。したがって、実際にはそういう動作をとらなくても、困り果てていることの象徴として用いることが多く、その場合は慣用句となる。

「頭をしぼる」は、ちょっと考えてもなかなかいい考えが浮かばない場合、なんとかしていい知恵が出るよう懸命に考えるという意味合いで使う。知恵を液体のように想像し、頭に無理をさせることを果汁や牛乳をしぼり出すイメージでとらえた比喩的発想である。

「この安酒は頭に来る」というのは、酔いがまわると頭が痛くなることをさし、慣用句というほど派生的な意味を帯びていない。頭がおかしくなることを間接的に表現する用法もあるが、そういう例でも同様だろう。しかし、強い怒りや苛立《いらだ》ちを覚えるという意味合いで、腹が立つことをさす用法となると慣用句に近づく。

興奮して「頭に血が昇る」のは、実際のそういう感覚をさすが、「頭から湯気を立てる」という段階まで誇張してイメージ化すれば、そんな湯気が目に見えるほどの現象は現実にありえないから、単に、かんかんに怒るという意味の慣用句と考えてよい。

「頭を冷やす」という言い方は、熱が出て水枕や氷枕で実際に冷やす場合は文字どおりの表現だが、興奮状態を脱するように冷静になることを意味する場合は慣用句となる。

「頭が痛い」という表現も、実際に頭痛がする際にだけ使うわけではない。ものごとの対処の仕方に苦労することをさす例も多く、その場合は慣用句となる。「頭を痛める」という表現も、実際に頭部に傷を負う場合にだけ使うわけではない。精神的に苦しみ悩むという意味合いで使えば、やはり慣用句としての用法となる。

「頭が重い」というのはもちろん、通常、頭部の重量ではなく、なんとなく頭が重苦しく感じられて気分がよくないことをさす。そこから、心配事があって気が晴れないという意味に抽象化することもあり、慣用句となる。

「頭を下げる」は、挨拶として会釈する場合、あるいは、相手に丁重に礼を言ってお辞儀をしたり、自分側の非を認めて深々と頭を下げたり、程度はさまざまながら、面《おもて》を伏せて先方に自分の頭のてっぺんを見せる動作について用いる。このあたりの用法はいずれも、実際に頭を下げるという行為を伴うので慣用句ではない。具体的に頭を下げるという動作と無関係に、自分の非や負けを認めるという意味合いを伝える場合に慣用句となる。「頭が下がる」という表現となると、そういう物理的な現象をさす例はほとんどなく、相手の立派な行為や態度に感心し敬服するといった精神的な意味合いで用いられるから慣用句としての用法と認定される。「頭が上がらない」という表現も、ある人に対して負い目があり、対等に振舞えないという意味合いの慣用句となる。

「頭が高い」「頭が低い」というのは、もちろんその人間の身長のことではなく、どちらも態度を示す慣用句である。前者は、他の人間に対する対応の仕方が無礼で尊大な感じがするようす、後者は逆に、対応の仕方が丁寧で謙虚な感じがするようすをさし、ともに慣用句である。前者は「ずが高い」、後者は「腰が低い」に似た意味となる。

「頭を押さえる」という表現は、取っ組み合いになって相手の頭部を床に押しつける場合にも使えるが、慣用句としては、地位や権力や立場などで一方的に相手の言動の自由を抑圧するという意味合いで用いられる。

「頭をもたげる」は、頭を持ち上げて高い位置に動かすというのが基本的な意味だが、そうすれば今までよりその存在が目につきやすくなる。そのため、頭に限らず、その存在が目立つようになるという意味の慣用句となる。今まで目立たなかった存在が表面に現れるようになる変化だから、勢力などの場合は、「台頭する」といった意味合いに近い。

「頭をはねる」という慣用句は、俗に「ピンはね」と言う、あの意味合いで用いられる。他人の利益の一部を勝手に取り上げて自分の物とすることで、「上前《うわまえ》をはねる」に相当する。

「頭を丸める」は、髪の毛を剃《そ》って頭部を丸い形状にする意。すなわち、丸坊主になることだが、実際に僧となる場合のほか、なにかを仕出かして他人に迷惑をかけた場合などに、みずから坊主頭となって反省や謝罪の気持ちを表す行為にも使う。

顔

「頭」に関する慣用句に次いで、頭部の前面に位置する「顔」にまつわる慣用句を眺めてみよう。人間の場合、物理的には頭の前に位置し、両耳より前の、額から顎までの範囲で、両目、両頬、鼻や口のある部分をさす。その個人を識別する際の手がかりとなるほとんどの特徴がそこに集中していることもあり、ことばの上でも、「顔」はその人間を代表する存在として待遇される。

「顔を出す」といえば、ちらりと顔だけのぞかせる場合に限らず、その顔の持ち主である人間そのものが、まるごとその場なりその席なりに現れる、つまり、通常は、その人自身が会合などに出席し、参加するという意味で使われる。「顔を見せる」も同様だ。「顔がそろう」も、もちろん顔だけがずらりと陳列されるわけではなく、有力者をはじめ、期待され、または予定されているメンバーがすべて集まること、「顔ぶれがそろう」という意味になる。

「顔を貸す」という表現も、顔面を取り外してしばらく他人に貸与するという意味ではなく、誰かに頼まれて、その人と行動を共にする、つまり、その相手に付き合うことを意味する慣用句となる。

「顔が合う」という表現も、たがいに相手の顔を見るだけでなく、人と人とが出会うことを意味する。また、個人やチームなどが試合で対戦する場合にも用いられるようになり、意味が広がった。「顔を合わせる」も同様、対面する場合だけでなく、そのように対戦する場合や、映画やテレビ番組に共演するといった場合に、広く使われている。

「顔が売れている」という言い方も、もちろん人間の顔面が売却されるという意味ではない。その人間が世間に知られる存在として有名になり、名が知れわたることを意味する。

「顔を売る」という表現も、名前を世間に知られるようにすることを意味し、「名を売る」とも言う。「顔が広い」という表現は、顔の横幅が長いとか、顔面の面積が広いとかという物理的な広さを意味して使用することも可能だが、慣用句としては、世間に広く知られている、あるいはその人の交際範囲が広い、といった意味合いとなる。

この場合の「顔」や「名」は、単にその人の氏名だけでなく、名誉や名声といった意味合いで使用される例も多い。したがって、「顔が立つ」はその人の体面が保たれて、恥をかかずに済むという意味合いの慣用句だ。「顔を立てる」はその人が恥をかかないで済むよう、その体面や立場を重んじて取り計らうという意味になる。したがって、丸顔だから立てにくいといった理屈は通らない。

「顔が利く」「顔を利かす」のように、「顔」がさらに権威や影響力という意味合いにまで広がる場合もある。権力や縁故関係を利用して、自分の思いどおりに事を運ぼうとするのは、そういう意味合いが強いだろう。

「顔を汚《よご》す」とか「顔に泥を塗る」とかという慣用句は、その人の顔面を汚くすることではなく、面目を失わせる、恥をかかせるという意味合いで使われる。その場合、個人だけではなく、身内や仲間や組織などの体面を汚《けが》し、名誉を傷つけるといった意味合いで用いることもある。その打撃が強くなると、「顔をつぶす」「顔がつぶれる」となる。泥や汚れであれば顔をきれいに拭き取ることもできそうだが、つぶれてしまった顔は容易なことでは元通りにならない。そういうイメージの差からも、名誉を挽回するのはきわめて困難だという感じが強く、それだけ深刻な事態を想像させやすい。

用が無くても出向いたりして、相手との友好関係が途切れないように配慮することを「顔をつなぐ」と言い、「顔つなぎをする」とも言う。

また、肘や掌《てのひら》や足の踵《かかと》などからその人の気持ちを推し量るのは至難の業だが、顔色を見てその人間の感情を察することはよくある。心理状態が顔の表情に反映する傾向が強いからだ。「顔を探る」

のは、「顔色をうかがう」ことであり、表情からその人の気持ちを読みとろうとするときである。不満そうで苦りきった表情は「苦い顔」、自分には何も関係がないといった素知らぬ表情は「涼しい顔」と言う。「大きな顔をする」というのも、顔の面積を操作するわけではなく、いばった顔つきをしたり、態度がでかかったり、その人間の精神状態を表現する。

「顔が曇る」のは心配事があって表情が暗くなるときであり、「顔をほころばせる」のは喜びや満足感で思わず笑顔になりかかるときである。「顔で笑って心で泣く」と言われるように、感情を抑える人もある。かつて日本語の達者な韓国人の弟子でさえ、日本人は怒っているのがわかりにくいと述懐したように、この国では、感情をあらわにするのは大人げなくたしなみに欠けると考える伝統があって、特に外国人にはわかりにくい傾向があるようだ。ただし、子供の場合は、感情がはっきり表情となって外面にわかりやすく現れることが多く、はっきりわかる場合は「顔に書いてある」と強調する表現も使われる。

ひどく恥ずかしい思いをすると、顔面が赤くなる。昔は「顔に紅葉を散らす」などと、紅葉の散り敷くイメージを誘う風流な表現も使われた。「真っ赤になる」という程度を超えると、「顔から火が出る」という誇張表現も用いられる。

額

顔面の最上部に位置する「額」を用いた慣用句は数少ない。額が「広い」とか「狭い」とかと言うのは、その露出面積を問題にしているだけだから、もちろん慣用句ではない。また、髪の生え際が富士山の姿に似ている、特に女性の額を「富士額《ふじびたい》」と呼ぶこともあったが、これは比喩表現で成立した単語であり、慣用句のうちに入らない。

「額に汗する」という表現も、実際に額に汗を浮かべている状態をさしていれば同様だ。ただし、この表現は、背中の汗や腋《わき》の下の汗などとは違って、現実に汗をかくか否かにかかわらず、体を使って懸命に働くという意味合いで使うこともある。その場合は「汗」ということばが象徴的に使われており、慣用句としての用法に近づく。

もう一つ、「額を集める」という表現も慣用句として使われる。むろん、これは額縁ではなく人間のおでこだから、コレクションということはない。人間が何人か寄り集まって相談することを意味している。実際に集合するのは人間まるごとだが、相談事をする際にはたがいに顔を近づけることが多い事実も関係していそうだ。実際の話し合いで具体的に活動するのは耳や口だが、単なるおしゃべりとは違い、相談事となれば、顔の中でも特に額のあたりが近づく形で寄るのが自然なのだろう。ひょっとすると、知恵を集めるという意味合いが強いため、その奥にある脳を象徴する身体部位として特に「額」が選ばれたのかもしれない。

眉

額の下は、両目の上に位置する「眉」となる。「眉唾《まゆつば》」は一語になっているが、「眉に唾をつける」の省略形である。眉毛に唾をつけると狐《きつね》や狸《たぬき》に化かされないという俗信から、用心しないとうっかり騙《だま》されやすい、真偽の疑わしい話を「眉唾物」とよく言った。

「眉に火がつく」という表現は、目の前が燃え出して、今にも自分の眉が焦げそうだ、という意味から、危険や破綻がすぐ近くに迫っているという意味合いで使われる。いわゆる「焦眉《しょうび》の急」に相当する。

その時どきの感情に合わせて顔の表情をつくる際、人間の場合、この眉の動きがさまざまな働きをする。「眉」を用いた慣用句には、そういう心の動きを反映することばが多い。

「眉一つ動かさない」という表現は、物に動じないことを表すが、仮に動揺しても、そういう自分の心の中を外面に出さない場合も含まれる。

しかし、多くの人間は自分の感情が表情となって現れやすいので、相手の表情からその気持ちを探ろうとする。それが「眉を読む」という慣用句で、顔の表情から心の中を察知することをさす。

見惚《みと》れているときの表情を「目尻を下げる」と、瞼《まぶた》の両端の変化で表現することがある。その際、顔がふつうの構造であれば、それにつれて眉の両端も下がるはずだ。時計の針に喩えて、平静な表情を九時十五分（厳密には十四分？）とすれば、目尻を下げたでれでれ顔は八時二十分（厳密には十九分?)というイメージになるだろう。怒りの表情はその逆だ。相手を睨《にら》みつけるように、両眉とも顔の中央部が下がり、外側すなわち顔の左右の端が上がって、しかめ面の場合より高くなりやすい。十時十分(厳密には九分?)というイメージだろう。そのような事実をふまえ、「眉を吊《つ》り上げる」という慣用句で怒りの表情を象徴的に表現する。昔は「柳眉《りゅうび》を逆立てる」という表現も使われた。柳の葉のように細く美しい眉を吊り上げるという意味で、美人の怒りの表情を比喩的に表現したものだが、現代では通じにくくなった。

他人の忌まわしい行為が気に入らなかったり、さまざまな不満や心配があって心が晴れなかったりして、不快な表情をすることを、「顔をしかめる」と言う。その際に眉が重要な役割を果たすため、「眉を寄せる」と表現することも多い。会話ではふつう「眉をしかめる」と言い、文章では少し文体的レベルを上げて「眉をひそめる」と表現する例も少なくない。

具体的には、左右の眉を少し中央に寄せて間隔を狭めると、そこに皺《しわ》が寄る、そういう状態をさす。悩みや不快な気持ちの現れる、そういういかにも厭《いや》そうな表情は、晴れやかな表情の逆なので、「眉が曇る」と形容することもある。したがって、気になっていたそういう心配事などが消えて、すっきりした気分になると、自然に表情も変わる。気になることがなくなって、ほっとすると、その安堵感が顔に現れる。それまで憂いに閉ざされていた気持ちが自由に開放されて、安心した顔つきに変わる。そういう晴れやかな表情になることを「眉を開く」という慣用句で表現する。両眉が寄ったしかめ面から、眉の間隔が広がって自然な位置に戻るからだろう。

瞼

「目」を用いた慣用句は膨大な数に上るが、眼球を覆う位置にある「瞼《まぶた》」となると、慣用句はきわめて少ない。「まぶた」という語は、「眼の蓋」という意味のことばとして成立したようだ。

人間は目を閉じていても、さまざまな映像をイメージとして浮かべることができる。それは脳の働きによるのだが、瞼の裏側に思い描いているような感覚で、その場合、瞼は油絵のカンバスのような役割をしていることになる。

「在りし日の母の姿が瞼に浮かぶ」というのも、目を閉じて頭の中で、生きていた頃のある日の母の姿の映像が見えるような気がする一シーンである。慣用句として頭に浮かぶのは、この「瞼に浮かぶ」ぐらいである。意味としては「目に浮かぶ」も同じだが、「瞼」としたほうが懐かしさがこもって感じられるかもしれない。

強烈な印象を受けていつまでも忘れられない光景など、「瞼に焼き付いて離れない」と表現することもある。幼い頃に別れてしまい、記憶に残る面影を偲《しの》ぶほかはない母親のことを「瞼の母」と呼ぶのも、その一例だろう。

睫毛

瞼の縁に生えている毛が「睫毛《まつげ》」である。沖の白波を「沖つ白波」というように、「まつげ」という語は「目の毛」という意味のことばとして成立したようだ。この語は慣用句に用いられることはめったにない。すぐ頭に浮かぶのは「睫毛を読まれる」ぐらいだろう。この「読む」は、「腹を読む」「顔色を読む」などと同様、外面に現れているものから内面を探りとるといった意味合いなのだろう。囲碁や将棋で「次の一手を読む」というのも同様だ。

特に「睫毛」が選ばれたのは、近過ぎて自分の目に入らない、つまり、自分で気づかないうちに、相手にいいように扱われるといった関係なのかもしれない。

ともかく「睫毛を読まれる」は、昔は狐や狸のたぐいに化かされるといった場合に使われたようだ。女にことば巧みに騙《だま》されるとか、人にいいように扱われるとかというふうに、人間相手にも用い、さらに、騙される場合に限らず、見くびられたり馬鹿にされたりする場合にも使われるように意味が広がったようだ。

騙されないように眉に唾をつけるのと同様、そうならないように用心することを「睫毛を濡《ぬ》らす」とも言ったらしい。

目

「目」を用いた慣用句は膨大な数に上る。句を構成する「目」ということばの意味合いに応じて分類しながら、少し整理して述べよう。

その出来事や現象が現実とは信じられず、夢ではないかと疑って確かめようとすることを「目をこする」と言うことがある。この場合の「目」は実際には瞼《まぶた》の部分をさすだろう。

可愛いと思う気持ちを強調して、「目の中に入れても痛くない」と極端な言い方をする場合も、瞳の奥ではなく、この瞼の内側をイメージしているのかもしれない。

最近よく省略形で使われる「目から鱗《うろこ》が落ちる」という表現は新約聖書の使徒行伝《しとぎょうでん》から出たものらしいが、おそらく睫毛の先にくっついていた目やにか何かが剥《は》がれ落ちて突然はっきり見えるようになるといったイメージだろう。あることがきっかけになって、急にものごとの本質や真相がわかるようになるという意味に広がって用いられる。

一般に、乾いたところが湿りけを帯びることを「潤む」と言う。「目が潤む」という表現は涙が出かかって眼球の表面がそういうしっとりとした状態になることをほのめかす。

「目にしみる」は、基本的には、煙や液体が目に入って刺激されて痛みを覚えるという意味だが、鮮やかな色彩などに強烈な印象を受ける場合にも使われ、慣用句に近づく。

たがいの視線がぶつかるイメージで顔を見合わせることを「目が合う」と言う。今の飼い犬がわが家に来ることになったのも、百貨店の屋上で「目が合った」からである。ディケンズと名のる文豪ならぬ犬豪を見送った後だけに、同じコーギー種におのずと視線が向いたらしい。同じ山形県人ならぬ同県犬とは売場で知ったが、のちに血統書きを見て同じ庄内地方出身のまさに同郷の犬と判明した。タモリの番組に出演したという説明も、東日本大震災のあおりで、爆笑問題のインタビューを受けそこなった身として気になったかもしれない。ともあれ、幼名を鳥海ハーモニーというこの犬、今やアーサーと名のってわが家に君臨している。こういう縁に恵まれたきっかけは、「目の合った」あの瞬間にあったと思いたい。

「目を向ける」は、意識的にある方向に視線を向け、そこに位置するある対象を見ることをさし、そこから、その物事に関心を抱くという抽象的な意味に展開する。

「目をつける」は、ある対象に視線をあてるという基本的な意味から、関心を抱いて注目するという抽象的な意味に広がる。重要な点に注目し、考察の対象として選ぶことを「目の付け所」と言う。そういう察しのよい人を「さすが目の付け所が違う」と褒めることもある。

「目を注ぐ」は、ある対象に視線を集中させることから、注意深く見つめることをさす。見ている対象が非常に興味深かったり、心配で用心が必要だったりして、そのまま注意深く見つめていなければならない場合は「目が離せない」という表現をとる。「目が離せない注目の対戦」など、始まる前から期待して待つ場合にも使われ、意味が抽象化するにつれて慣用句に近づく。

「脇見運転」は自動車を運転しながら横のものに注意を奪われ前方の注意がおろそかになって交

通事故の原因となる。その逆に、他のことに気をとられずに一つのことに集中する態度を「脇目も振らず」と表現する。現実の目の動きと無関係に、あることに打ち込むようすをさす場合は慣用句としての用法となる。

「目を走らせる」はある対象に急いで目を向ける、ちらりと見ることである。対象が手紙や本などの場合は急いでざっと読むことを意味し、最初から最後まで読めば「目を通す」と言う。視線を動かさず、ある対象に注いだまま集中して見続ける場合は「目を据える」という表現をとる。ただし、「目が据わる」となると、精神の正常さが失われて、目がじっと一点を見つめるような状態になることをさす。

見る対象、特にある個人に注目して、先行きを期待して見守るのが「目をかける」で、さらに進んで、贔屓《ひいき》にしてかわいがる場合も含まれる。昔、夫が妻以外の特定の女性を別の家にひそかに住まわせ、妻の目を盗んで通ったという話が伝えられている。「本妻」に次ぐ位置づけという意味で「二号」と称したが、その女を「妾」と書いて「めかけ」と呼ぶのも、この「目をかける」を語源としている。

逆に、見ようともしないことを「目もくれない」と言うが、具体的な目の働きとは無関係に、関心がなく相手にしないという意味合いにまで広げて使う場合もある。

特定の存在に限らず、必要に応じていくつかの対象に視線を注ぐ、注意を向けるという意味では、「目を配る」と言う。監督したり世話をしたり、そういう注意力がその対象に確かに及ぶ場合は

「目が届く」と表現する。きびしく見張るのが「目を光らせる」で、一時的に注意や配慮を怠るのが「目を離す」である。きびしい監視の目を逃れ、人に気づかれないように事を起こすのが「目をかすめる」「目を盗む」である。

他人が見てもわからないように巧みにごまかすのが「目を眩《くら》ます」だ。この「くらます」は「目がくらむ」ようにするという意味合いらしく、語源的に「暗い」とつながるようだ。「目がくらむ」は強い光を浴びて一瞬なにも見えなくなる場合に用いるのが基本だろうが、金や美人など何かに魅せられて夢中になり、正常な判断力を失うという意味に使うと、慣用句らしい働きとなる。

好ましくない行為や事態に気づいても、見て見ぬふりをする場合、「目をつぶる」と表現することもある。瞼を閉じれば外界が見えないことに喩えて象徴化した慣用句だ。

道義的な問題に限らず、他人に知られないよう行動する場合もある。目立って「人目に立つ」ことを避け、隠密《おんみつ》に事を運ぶようすを、「人目をはばかる」「人目を忍ぶ」と言う。この表現も、具体的な目の働きと無関係に、単にひそかに行動するという意味をさす用法では慣用句として扱われる。

「目にふれる」は特に意図せず自然に視野に入ることをさす。「目に入る」はある対象が自分の視野の中におさまるという意味で、特別に関心を持たなくても、おのずと見えている状態である。「目につく」も同様だが、その対象が大きかったり特徴的だったりして目立つ存在である傾向が強いだろう。関心があるなど、どうしても視線がそちらの方向に向き、その対象を見てしまう場合は、「目が行く」と表現する。

「目に浮かぶ」はそこに存在しない対象を頭で想像してそのイメージを感じとる脳の作用である。「目に映る」は網膜に映ずることで、現実に眺めている場合も、想像して見えているように感じる場合も含まれるように思われる。「目に見えている」は、その対象が網膜に映り、現実に見える状態にあるというのが基本的な意味だが、「そうなることは目に見えている」などと、将来の変化がわかりきっているという意味に抽象化しても用いられ、その場合は慣用句になりきっている。

見えているものがあまりに不思議で現実とは信じられない場合、夢ではないか、気のせいかもしれないと疑いの気持ちが生じれば「目を疑う」ことになる。

目に入った対象があまりに珍妙だったり魅力的だったりして、しばらくそこに視線が留まってしまうようだと、「目を奪われる」という状態となる。ある対象が期待以上のすばらしい出来ばえだったりして、一瞬はっと目を大きく開ける場合は、「目を見張る」と言うが、具体的な目の動きと無関係に、そういう感動を象徴的に表すと慣用句となる。驚いたり怒ったりする場合も目を大きく見開く。その場合は「目を剝《む》く」と表現する。「目が飛び出る」や「目玉が飛び出す」といった表現は、値段が極端に高くてひどく驚くなど、ショックで眼球が飛び出すほどの出来事に遭遇した場合の影響力をイメージ化した表現のように思われる。発想としては、ひょっとすると、「目を剝く」際に、目の蓋である瞼を広げ過ぎて、中の目玉が飛び出す図をイメージした表現なのかもしれない。

探しものをする場合、小さなものでも見落とすまいと目を大きく開く。それを誇張して「目を皿にする」と言うこともある。あることに必死になる場合のほか、ひどく驚くときにも使われる。驚いて目を見開く場合に「目を丸くする」と言うが、それをさらに強調した表現に相当する。「目を三角にする」という表現は、怒って怖い目つきをする場合に使う。「目に角《かど》を立てる」も同様だが、相手を咎《とが》める感じが強くなる。「目を吊り上げる」も怒った表情である。この場合、具体的に持ち上がるのは目尻で、それにつれて眉の外側も上がる。そういう現実の表情の変化に関係なく、ともかく怒った表情を意味する場合は慣用句の用法である。「目に障る」は、見て不快になるという意味の表現だ。

逆に、見ている対象が自分の好ましいものであったり、注目していた事態が好転したりすれば、おのずと笑顔が浮かぶ。そういう表情の変化を「目を細くする」「目を細める」などと表現する。笑うと自然に目の開きが狭まるからである。美しいものを見ると人間は楽しい気分になる。そういうふうに運ぶことを「目を喜ばす」と表現することもある。その場合は、目が喜ぶという発想だが、見る人を楽しませるという意味でも使われる。

「目を白黒させる」は目玉をあちこちに動かす、きょろきょろするようすだが、喉《のど》がつかえて苦しむという意味から、驚いて訳もわからずあわてるという意味に飛躍すれば、それだけ慣用句らしい用法となる。

ある対象がひどく非常識で黙って見過ごせない場合は、「目に余る」と言う。見ている対象があまりにひどい状況で、見るに堪えない場合は「目も当てられない」となり、そういう対象が目に入らないように思わず「目を覆う」ことになる。それが目に入らないよう視線を別の場所に移してしまえば「目を背ける」となり、一時的にでも視線をはずしてしまえば、「目をそらす」となる。力なくうつむいて視線を下に向けるのが「目を落とす」である。これらの場合、今そこに見えているものだけでなく、観察し、あるいは考察している事柄のような抽象的な対象であっても用いられ、それだけ慣用句らしい用法となる。

「眼は心の鏡」と言われるように、その人のさまざまな感情が顔の表情となって外面に現れる場合、顔面に位置する部位の中でも特に「目」に気持ちが反映する。「目がものを言う」という比喩的な表現は、口でことばを発しなくても、目を見ればその人の気持ちが推察できる、あるいは、目つきで相手に伝えるという意味合いを表す。「目は口ほどにものを言い」という言い方もある。目つきだけで相手に自分の意志を伝えるのが「目に物言わす」という表現になる。

視力を失うことを「目がつぶれる」と言うことがあるが、この表現は、ひどく不快なものを見てしまったショックを比喩的に誇張して用いることもあり、その場合は慣用句として働く。「目が明く」は目が見えるようになるという意味だが、物事がよく理解できて的確に判断できるという抽象的な意味合いでも使われる。「目を開く」も、直接には、瞼を開けて眼球の露出面積を広げ、対象がよく見えるようにすることをさすが、そこから、新たな知識を得たり真実を知ったりして、物の考え方を深めるといった抽象的な意味合いをさすようになると、慣用句としての象徴的な用法となる。

「目がある」は、単に視覚器官が正常に機能するだけでなく、物事の真偽や価値を見抜く能力を備えているという意味の慣用句として使われる。「目が利く」も同様、視力が正常であるだけでなく、物事の良し悪しが正確に判断でき、品物の鑑定ができるという意味で使われる。「目が肥えている」は良質の品物を見分ける能力が身についていることを意味し、「目が高い」も、優れた品物を見分ける鑑定能力のあることをさす。「目がない」は、目を具《そな》えていないとか機能しないとかということではない。「目がある」の逆で、物の良し悪しを見分ける力を持たないという意味で使われる。一般に、好きなものとなると何でも手に入れたくなるので、判断力が欠如していると見られ、そこに該当する。

「目が近い」は近視で遠くがよく見えないという基本的な用法のほか、視野が狭く物事の大局的な判断ができないという慣用句としての用法もおこなわれる。

「目が固い」は眼球の硬度の問題ではなく、夜が更けても眠くならず、なかなか寝つけない場合に使われる。「目が冴《さ》える」という表現も、視力が鋭く働くという意味のほか、気持ちが昂《たかぶ》るなどして眠くならない場合にも用いる。

「目が覚める」「目を覚ます」という表現も、眠りから覚めて意識がはっきりするという基本的な意味のほか、心の迷いが消えて正常な判断ができるようになったり、自分の過ちに気づいて反省したりする、慣用句としての象徴的な意味合いでも使われる。

頭がくらっとして気を失うことを「目をまわす」と言う。次々にさまざまな方面に気を配らなければならず、目が回転するような気分になるのか、ひどく忙しい場合も「目が回る」と表現することがあり、いずれも実際に気絶しなければ慣用句の用法に近づく。

死亡すると、目に神経が通わなくなり、生きていたときの黒く光る生気あふれた瞳ではなくなる。そういう象徴として、生きている間という意味で「目の黒いうち」という表現も用いられる。ちなみに、「白い目」はその逆の死人の力ない目つきを表すわけではない。相手を心のこもらない冷淡な目つきで見ることであり、「白眼視」という漢語も使われる。

「目から火が出る」は、顔や頭を何かに強くぶつけた際の衝撃を強調した表現だろう。

顔の道具のうち、「目」と「鼻」はきわめて近い位置にある。そのため、距離の近いことを比喩的に「目と鼻の先」と表現することがある。また、ものごとの理解や判断がきわめて速いことを「目から鼻へ抜ける」と言うこともある。円の中に両目と鼻を描いただけで、人の顔らしく見える。顔立ちのことを単に「目鼻立ち」とも言うように、目と鼻が容貌を代表する。そこから、物事の大体のようすが知れ、概要が知れることを「目鼻がつく」と表現する。抽象的な内容を「顔」に喩えた比喩的な慣用句である。

額に瘤《こぶ》ができれば痛いだけでなく、目のすぐ上だと見上げるのに邪魔になって、よけい不快な存在に感じられる。そこから、自分の思いどおりに事を運ぼうとする際に障害となる存在、そう感じられる上司や競争相手などを「目の上の瘤」と言う。日常会話では「目の上のたん瘤」と言うことも多い。

「ひとみ」も「目」の一部だが、どこか美しいイメージが漂い、しばしば女の子の命名に利用された。「黒い瞳の若者」とか「青い瞳を輝かせる」とかと使われるのも、そういう好ましい語感のせいだろう。

たしかサトウハチローの小説に、こんな場面があったはずだ。小父さんが女の子の名を尋ねると、当人は何のためらいもなく「ひとみ」と答える。そこに誇らしい響きを感じとったのか、小父さんは即座に「目玉か」と応じる。女の子にとっては不本意かもしれないが、意味としてはきわめて密接な関係のあることに間違いはない。ただし、語感がまるで違うので、生まれてきた女の子に「めだま」と命名したがる親がもしいたら、顔が見たい。

精確には、眼球の前面の中央部に位置する「虹彩《こうさい》」と呼ばれる円盤状の膜の真ん中にある、光を採り入れる穴の部分を「ひとみ」と呼び、「瞳」や「眸」という漢字を宛《あ》てる。虹彩が伸縮して「ひとみ」の大きさを調節し、網膜に達する光の量を加減しているのだという。日本人は黒いとされるが、実際には茶褐色に近く、「青い目」と呼ばれる西洋人のひとみは緑みを帯びている場合が多いらしい。

厳密にはそういうことだが、「目」という視覚器官のうちで最も印象に残る部分だけに、「目」そのものを代表するような使用例も多い。「澄んだ瞳」とか「瞳のきれいな人」とかという例では、

「澄んだ目」「目のきれいな人」という表現とほぼ同じ意味で使われているのだろう。「つぶらな瞳」という例でも、「つぶら」は丸くふっくらしたようすをさすから、瞳という穴だけというより、瞼の間から見えている眼球の部分全体をさすと考えるのが自然だろう。

「目を閉じて」というのも悪い雰囲気ではないが、歌詞などにしばしば「瞳を閉じて」などという表現が好んで使われる。「目」というありきたりの語より、「ひとみ」のほうがすてきな響きを感じさせ、美化するねらいがあるのだろう。ただし、「ひとみ」は本来、「瞳孔」という穴だけを意味したと知ってしまった人が、「瞳は閉じられないの」と茶々を入れたくなる気持ちもわかるような気がする。

瞬きもせずに、じっと一点を見つめるという意味合いで、「瞳を凝らす」とか「瞳を据える」とかといった表現を使う。目の働きに限らず、物事に集中するという意味にまで広がれば、慣用句の用法に近づくはずである。

目尻

目は鼻と耳との間に位置する。左右の目の端のうち、鼻に近い部分を「目頭《めがしら》」と呼び、耳に近い部分を「目尻《めじり》」と名づけて、区別する。

感動のあまり涙が出そうになる感覚を「目頭が熱くなる」と呼ぶ。そういう肉体的な感覚に関係なく、単に「感極まる」という意味に使う象徴化した用法は慣用句と判断できる。こぼれそうな涙を押さえるしぐさを「そっと目頭を押さえる」と形容する表現もある。指やハンカチを目の縁に当てるという実際のしぐさを伴わない場合には使いにくく、その意味で象徴化した慣用句の用法が起こりにくいように思われる。

一方、「目尻」のほうは、好きでたまらない対象を目の前にすると、満足げな表情となり、自然に笑いだしそうな顔になる。その際、おのずと両方の目尻が下がる。正体もなく喜んだり、特に、女に見惚《みと》れて好色そうな表情になったりするさまを「目尻を下げる」と表現することもある。実際の表情と無関係に、そういうだらしのない態度を示すことを象徴的に表せば慣用句に近づく。やはり目尻をさす「まなじり」という語を「まなじりを決する」という形で、目を大きく見開いて怒りや決意を示す表現は、象徴的な慣用句となりやすい。

耳

視覚の「目」に続き、聴覚の「耳」に移ろう。「目」ほどではないが、「耳」に関する慣用句も相当の数にのぼる。「耳にする」といっても、耳当てをつけるとか、イアリングを装着するとか、耳の穴に補聴器を入れるとかという場合は、実際の耳に何かをほどこすことをさし、特に象徴的な意味を表さないから、むろん慣用句ではない。

しかし、「耳にする」という言い方は、耳に対して何かをほどこすことではない。それ全体として間接的に「聞く」という意味となり、婉曲《えんきょく》であるぶん、いくらか取り澄ました感じに響き、くだけた会話より文章中になじむ。それだけ文体的なレベルの高い表現である。

「耳に挟む」も、大工などが両手のふさがっているときに、短くなった鉛筆を耳の上部に載せることも昔はあったが、慣用句としては、偶然ちらりと聞くという意味を表現する。その場合、「小耳に挟む」という言い方をすることも多い。

「耳に入る」という慣用句は、特に努力するまでもなく自然に音が聞こえてくる、あるいは情報が入るという場合に用いられる。周囲の人間が意図的にそうすること、すなわち、誰かがその人にそうなるように働きかける場合は「耳に入れる」と言う。伝える側からは相手に主として口頭で情報を知らせるという意味を表し、伝えられる人の側では、聞いて、時には読んで、ある情報を得ることをさす。

「耳に留まる」という慣用句は、聞いた音や情報が気になっておのずと記憶に残るという意味となる。また、「耳に残る」という慣用句は、自分の聞いた音や声やことばが、たった今聞いたばかりのように、生々しく記憶される、という意味合いになるだろう。

次に、聞く人間の態度としては、まず「耳を貸す」という段階があり、他人の言うことを聞く気になるといった意味を表すが、他人の言を単に聞いているだけでなく、話の内容によっては、その相談に乗るというところまで含む場合もある。

耳を「貸す」という消極的な態度ではなく、自分から積極的に聞く場合は、「耳を傾ける」という慣用句を用い、他人の話に関心を持って、それを注意深く聞くという意味を表す。さらに、「耳を澄ます」という段階になれば、その音や話を聞き漏らすまいと注意を集中して聞くというニュアンスが生じる。また、「耳をそばだてる」という慣用句は、少しでもよく聞こえるように耳を立てて聞くという意味となる。「聞き耳を立てる」という慣用句もほぼ同様で、よく聞きとろうと神経を集中させることをさすが、こちらの表現は傾向として、相手に知られないようひそかに、というニュアンスを帯びる。

「耳を疑う」は自分の耳を信用しないという基本的な意味から、思いがけないことを聞いて、あるいは自分の聞き違いかと思うという意味を表す。

「耳を聾《ろう》する」という慣用句は、極端な大音響やあまりの衝撃で一瞬耳が聞こえなくなるような感覚をさして使われる。思わず両手で両耳を覆う場合、「耳をふさぐ」と言うが、この「耳をふさぐ」を慣用句として使う場合は、その言い方や話の内容が聞くに堪えず、聞くまいとすることを意味する。

「耳が遠い」はもちろん距離の問題ではなく、聴力が弱くて小さな声や音がよく聞きとれないという意味で使われる。「目」と違って、その逆の「耳が近い」という慣用句はない。「耳が早い」

は聴力の問題ではなく、情報を得るのが早いという意味の慣用句である。

「耳が肥えている」は、体型とは違って、まるまるとした耳ではない。話芸や音楽などに関し、聞き慣れていて理解力が優れているという意味で使われる慣用句である。

「耳寄り」というのも、何かが耳に近づくことではない。よく聞こうと耳が自然にそちらに近寄りたくなりそうなという意味合いから、「耳寄りの話」のように、聞く価値があってぜひとも聞きたいと思う場合に使われる。

「耳が痛い」という表現は、中耳炎などの耳の病気で耳に痛みを感じるという意味にももちろん使われるが、慣用句としては、他人の言葉が自分の欠陥や弱点を突いていて聞いているのがつらいといった意味合いを表す。「耳に障る」という慣用句も似たような意味を表すが、聞くのがつらいというよりも、聞いていて不快だという意味合いとなる。それがもう一段階高じたのが、「耳に逆らう」で、聞くとその刺激でひどく不愉快になる場合に使われるようだ。

「耳に付く」は小さな声や物音が気になって耳から離れないことをさす慣用句で、その意味では、前述の「耳に留まる」と関連するが、この慣用句の場合はもう一つ、何度も聞いて聞き飽きるという意味でも使われる。それがひどくなると、「耳にたこができる」という段階になり、同じことを何度も言われてうんざりするといった意味合いで使われる。

「パンの耳」という言い方があり、パンの端、縁の部分をさす。そういう意味合いで用いた「耳をそろえる」という慣用句もある。昔、大判や小判の縁をきれいにそろえることをさしたらしい。

今では単に、ある金額の金を不足なく用意するという意味で使われる。

鼻

聴覚の「耳」に続き、嗅覚《きゅうかく》をつかさどる「鼻」にまつわる慣用句を眺めてみよう。「鼻が利く」と言えば、通常その嗅覚が鋭いこと自体をさす。そこから、匂いを抽象的な意味合いに発展させ、自分にとって得になるようなことを敏感に察知するという意味を象徴的に表す場合は、慣用句としての用法となる。

「鼻につく」も、匂いが鼻について離れないというような場合は字義どおりの用法だが、そこから、匂いの意味を離れて、飽きて厭《いや》になるという意味に発展すれば、慣用句としての用法と認められる。顔面を強打して顔が変形することもあり、事実ボクシングなどで実際に「鼻が曲がる」ケースもないではない。しかし、慣用句としては、臭いがあまりにひどく、息もできないような場合に使われる。

真っ暗で何も見えない状態を「鼻をつままれてもわからない」と言うことがある。この場合、鼻をつまむという行為は仮に想像してみただけで、実質上の意味はないから、実際にはほとんどが慣用句としての用法となるだろう。

「鼻をうごめかす」という言い方も、「うごめかす」は小刻みに動かすという意味だから、実際にそういう動作が見られる場合は文字どおりの意味である。人間は得意になるとそういう表情をよくする傾向が見られるため、実際の鼻の動きと無関係に、単に、自慢げに得意がるという意味を象徴的に表現することもある。その場合は慣用句としての用法となる。

「鼻を鳴らす」は、声が鼻に抜ける際に実際に音が出ることをさす基本的な用法もあるが、実際に音が出なくても、そういう甘えた態度を示したり、不平を言ったりする意味で使う場合は慣用句としての用法になる。また、鼻にかかった声というのは、声が鼻に抜けて甘えた感じに聞こえるという物理的な現象だが、「鼻にかける」という表現は、そういう声の質や聞こえの問題とは無関係で、得意になって自慢する態度をさす慣用句である。

夏目漱石の『吾輩は猫である』に登場する大金持ち、その名も金田家の細君は巨大な鼻を有しており、その主人は逆に、横から見るとその存在が確認しにくいほど鼻が低い。大小や高低だけではなく、形も人によってさまざまだ。「鼻が胡坐《あぐら》をかく」という見方は、低いくせに小鼻が横に広がっている形をさしている。三角に横に広がったその形の印象から、人間が胡坐をかいている姿を連想した比喩的表現である。鼻の形を正座や横すわりに喩える表現はないし、寝そべっている鼻もないから、この形は慣用句として固定している。

胡坐をかくどころか、聳《そび》え立つように高い鼻もある。「鼻が高い」という表現は、もちろんそういう鼻をさして使われるが、実際の鼻の形とは無関係に、いかにも得意そうなようすをさす慣用句としての用法もある。人間、自信のないときにはうつむき加減になりやすいが、自信満々のときは堂々と顔を上げて相手を正視する。上向き加減に顔を突き出せば、少々低い鼻でもいくらか高く感じられるからかもしれない。「鼻が高い」の慣用句用法を受け、得意になって自慢げに誇るようすを「鼻を高くする」と表現する。面目をほどこしたり、名声を上げたりする意味で使う場合もある。

そんなふうに得意になっている人をやっつけて面目を失わせることを表す「鼻を折る」という慣用句もあり、やり方が乱暴だと「鼻をへし折る」とも言う。また、優勢な相手を出し抜いて、あっと言わせたり恥をかかせたりする場合は「鼻を明かす」という慣用句を用いる。

家や場所が狭かったりして人間どうしが至近距離で動きまわることを「鼻を突き合わせる」と言う。顔が近づくことだが、顔の中でその部品が高く、最も相手に接近するために「鼻」が使われるのだろう。また、まともに相手にせず軽く扱う冷たい態度を「鼻であしらう」と言う。手で方向を示すことさえせず、顔を動かすだけで指示する横柄な態度を象徴的に表現したのかもしれない。同じ意味で「鼻の先であしらう」とも言う。

「木で鼻をくくる」という慣用句もある。木は硬くて曲がらないから、それで鼻の部分を縛ることなどできない。そういう連想から、まったく滑らかさの感じさせないようすを強調し、つっけんどんでまるで愛想というものを感じさせない応対を「木で鼻をくくったような返事」のように表現することもある。

人形の顔を作る際に、目と鼻が出来あがれば、それだけで顔らしく見える。そこから、物事の大体のようすがわかる段階に達することを、慣用句で「目鼻がつく」と言う。

鼻そのものではないが、「鼻の下が長い」という表現もある。実際に鼻から口までの長い顔をさすこともあるが、女に甘い男が鼻の下を伸ばす表情をよくするところから、慣用句としてはそういう物理的な距離とは無関係に、女に甘いこと自体を象徴的に表す。また、男が女に気に入られようと甘いことばで取り入ることを「鼻の下を伸ばす」と言う。

そういう関連で、鼻の内側に生えている毛、「鼻毛」を使った慣用句も使われる。「鼻毛を伸ばす」という慣用句は、毛の長さとは関係なく、男が女に甘い態度をとるという意味で使う。「鼻毛を数える」「鼻毛を読む」は、女が自分の色香に迷い溺れている男をもてあそぶ、意のままに操るという意味合いの慣用句となる。「鼻毛を抜かれる」はそれを男側からとらえた慣用句で、女に騙《だま》されていいように操られるという意味になり、女に限らず、相手に出し抜かれるという意味でも使われる。

鼻から出す息について「鼻息が荒い」と言うのは字義どおりの意味だが、比喩的に闘争的な態度を表現することもあり、慣用句としては、意気込みが激しいという意味で使う。同様に、「鼻息をうかがう」という慣用句は、「社長の鼻息をうかがう」などのように、相手の機嫌や意向を気にかけるという意味でよく使われる。

口

視覚の「目」、聴覚の「耳」、嗅覚の「鼻」に次いで、味覚の「口」に移ろう。こんがりと焼いたり煎ったりした食品の「香ばしい」匂いを嗅ぐのは鼻だが、そこではまだ「おいしそう」と思う段階にとどまり、現実に「おいしい」と感じるのは、鼻ではなく口、特に舌である。

口は食べるだけでなく、しゃべる道具ともなる。「人の口に戸は立てられぬ」という諺《ことわざ》は、世間に噂《うわさ》が広がるのはどうにも防ぎようがないという意味で使われる。

「口に出す」は、唾《つば》や痰《たん》ではなく、慣用句としては、ことばにして出す、つまり、しゃべることを意味する。「口を利く」もその相手としゃべることだが、ニュアンスとして紹介したり仲介したりする意が含まれることもある。「口を切る」は最初に発言する意、「大口を叩《たた》く」は大きな態度で発言することを批判的に評する慣用句である。そのように身分や立場をわきまえずに生意気なことを言うようすは「口幅ったい」と評する。目上の人などに無礼なことを言うと、その罰に「口が曲がる」と言って、昔はたしなめたようだ。

「口を出す」は、他人の会話中に横から入り込んでしゃべることであり、「口を挟む」は話の途中で割り込んでことばを差し挟むことをさす。「口を入れる」という形で、でしゃばってよけいな口出しをすること、すなわち、「差し出口」を意味する用法もある。

多くの人間が同じことを言う場合は「口をそろえる」と言い、ある効果をねらって意図的にそうする場合は「口を合わせる」と言う。「口裏を合わせる」とすると、言う内容が事実と異なるような悪いニュアンスがつきまとう。

「口がうまい」は話が巧みで、特に、相手が気に入るようなことを言うのに長《た》けているという意味の慣用句となる。「口が達者だ」という慣用句も、しゃべるのがうまく、ことばが次から次に出てくる場合に使う。「口が減らない」という慣用句は、ああ言えばこう言う、何を言われても負けずにすぐ言い返すことをさし、そういう口先のうまい人、おしゃべりな人を「口から先に生まれる」とからかうこともある。言うことだけでなく、やることも達者な場合は、「口も八丁、手も八丁」と言い、単に「口八丁手八丁」と言うこともある。

よくしゃべることを車に喩えて「口車」と言い、うまく言いくるめることを「口車に乗せる」、そうして騙《だま》されることを「口車に乗る」と表現する。

逆に、あまりしゃべらない場合は「口が重い」と言う。「口が軽い」はその反対だが、特に、思慮深さに欠け、言ってはならないことをつい言ってしまうことをさす。当人にその気がないのに、ついうっかりしゃべってしまう場合は「口が滑る」「口を滑らせる」と言う。言いかけて途中で気づき、口に出る寸前で言うのをやめるのが「口を押さえる」である。

「口を慎む」は、言っていいことと悪いこととをわきまえて、よけいなことを口に出さないことである。秘密などを絶対他に洩《も》らさないという決意表明として、「言わない」の前に「口が腐っても」あるいは「口が裂けても」という強調の文句を置くこともある。「口をつぐむ」は口を閉じてものを言わないという意味になる。「口を閉ざす」も同様だが、いくら問い詰めてもその件については一切口を開かないという雰囲気が強くなるような気がする。知られては困ることを、しゃべらないよう他人に強要するのが「口を封じる」だ。「口をふさぐ」も似ているが、秘密を口外しないように「口止め」するというニュアンスが強くなるかもしれない。そういうふうにそれまで隠していたことをついに言ってしまうのが「口を割る」という慣用句である。

「口がうるさい」は、細かい点についてもよく小言を言ったり文句をつけたりするという意味の慣用句であり、そういう人間を「口うるさい」とも言う。「世間の口がうるさい」となれば、世間の噂《うわさ》が気になるという意味合いとなる。同じ注意や小言を何度もくり返す場合は「口を酸っぱくして」と言うこともある。胃酸が登って来る感覚なのだろうか。

「口が悪い」は、差し障りのある意見や痛烈な批判を、相手がどう思おうと気にせず、遠慮なく口にするという意味である。また、「口が過ぎる」は、言わなくてもいいことまで言い過ぎるようすをさす。

「口を尖《とが》らせる」は文字どおり、口をすぼめて前に突き出し、興奮ぎみに不平や不満を述べる行為をさすが、実際の口つきと関係なく、単に不平不満を態度に示すという意味で使えば、慣用句としての用法となる。

しゃべること以外の「口」の重要な役目は、ものを食うことである。「口に合う」という慣用句は、その人の口の大きさにぴったりのサイズだという意味ではなく、その食べ物がその人の味の好みに合致するということをさして使われる。美味なるものや高級食品などを日頃から食べつけていて、味の良し悪しが的確に判断できることを「口が肥えている」と称する。うまいものばかり食べていて好みが贅沢《ぜいたく》になっていることは「口が奢《おご》る」という慣用句で表す。「口を濡らす」「口を糊《のり》する」の形で、やっとのことで食べ物を手に入れ、なんとか生活する、という貧乏暮らしを象徴することもある。

「口」という語は、それ以外に、「入口」「出口」「非常口」のような形で、出入りする場所を意味する用法もある。食べ物の入る所であるというつながりも考えられるが、そもそも「口」という漢字が人の口を象《かたど》ってできたとされ、ぽっかりとあいた穴をも意味した。そこから「働き口」のように就職先を表す用法も生まれ、「縁談の口」のように求める対象をさす用法へと広がったと考えられる。奉公人の勤め口を世話する「口入れ屋」もそういうつながりだろう。

唇

口の先の上下にあるやわらかく薄い皮の部分をさす「唇」を「口」から独立させると、これを用いた慣用句はごくわずかだ。そのうちの一つ「唇を尖《とが》らす」は、前に取り上げた「口を尖らす」と同様、そういう表情に代表される、不平や不満を顔に出すことの象徴だ。

「唇を噛《か》む」は文字どおり、自分の唇を歯で噛む動作を表すこともあるが、しばしば人は悔しいときにそういうようすをするため、慣用句としては、そういう実際の行為のあるなしにかかわらず、きわめて悔しいと思う気持ちをさす。その場合は単に「悔しがる」あるいは「悔しく思う」と同様の意味合いとなる。

「唇を盗む」という表現もあるが、むろん盗難事件ではない。たがいに好き合って口づけをする通常のキスに対し、男女の一方が、相手の意志と無関係に、一方的に唇を接触させる行為をさす慣用句である。油断している相手の一瞬の隙に付け入るところから「盗む」という発想を得たのだろう。

舌

唇より奥に入ろう。口の中に突き出た肉質の味覚器官である「舌」、それに関する慣用句も少ない。発音するときに動くところから、よくしゃべるようすを「舌の回転が滑らかだ」と言うが、典型的な慣用句と言えるほどの象徴的な意味合いはない。また、悔しい折によく唇を噛むが、舌を噛むようなしぐさをすることもある。しかし、そういう具体的な動きと無関係に、単に悔しがる意味では「唇を噛む」のほうが慣用句として象徴的な用法となりやすい。

自分の失敗を恥じて、照れ隠しに舌を出してみせることがある。それとは別に、相手の見えないところで、その人をばかにする意図で、ぺろりと舌を出すこともある。いずれにしても、実際にそういうしぐさをするのだから、慣用句として象徴的な働きをする用法ではない。ところが、そういう実際の行為を伴わずに、陰でその人に背く態度を示すことを「舌を出す」と表現することもあり、その場合は慣用句として機能する。

ひどく驚いたり、信じられない演技を目のあたりにしたりすると、思わず口をあいて舌を奥にひっこめることもある。そういう実際の動作と無関係に、思わぬ妙技などに驚き、すっかり感心してしまうことを「舌を巻く」と表現すれば、慣用句としての用法となる。

気に入らないとか悔しいとかという瞬間的な不快な気持ちを、「ちぇっ」という感動詞で表出する現場によく居合わせる。その折、当人が舌で上顎をはじいて音を立てることも多い。それを「舌を鳴らす」と言うこともある。そのため、「舌打ち」が不快の象徴となる。

ところが、舌の発するこの音は、食べ物をよく味わう際にも聞こえる。そのため、飲食物がきわめて美味なるときにはくり返し発生し、それを鼓を打つ音に喩えて「舌鼓を打つ」と表現する。そういう実際の音と無関係に、単に、おいしさを味わって堪能《たんのう》することをさす場合は慣用句としての用法となる。

歯

「口」の部の最後に、「歯」に関する慣用句にふれる。口の中にある白くて骨のように硬いこの器官は、動物では武器になり、人にもまれにそういう例が見られるが、人間の場合は主として食べ物を噛《か》み砕く道具となり、また、口頭表現の際はそれぞれの音を表現する調音に役立っている。

噛もうとしても、食べ物が硬くて歯がその対象に食い込まない場合は、「歯が立たない」と言う。そういう食事中の現象をさす限りは文字どおりの意味だが、対戦相手が強すぎて試合にならないとか、問題が難しすぎてとうてい解けそうにないとかというように、自分の力量ではとてもかなわない、という意味でもこの表現を使うことがある。その場合は直接に「歯」と関連しないので、比喩的・象徴的な用法となり、慣用句としての使い方となる。

また、苦痛を我慢したり、怒りや悔しさを必死にこらえたりする場合、我慢するために人間はとかく歯を強く噛み合わせる。「歯を食いしばる」という表現を、そういう動作と無関係に、苦しさに耐えて懸命に努力するという意味に象徴化して使う場合は、慣用句としての用法となる。

歯の根元が緩んで浮き上がったような不安定な状態になることを「歯が浮く」と表現する。これは文字どおりの意味だが、見え透いた世辞を言われるとか、おもねるような相手の軽薄な言動に不快な気分になる場合も、似たような感覚を覚えるとして、やはり「歯が浮く」ような、という表現を使うことがある。そのように、歯の状態と無関係に象徴的に用いる場合は慣用句と認定してよい。

ことばを発するという方面に目を向けると、「歯に衣着《きぬ》せぬ」という言いまわしがあり、相手に遠慮することなく、自分の思ったことをずばりと言うようすをさす。歯でじかに嚙みつくように相手に痛烈に響くさまを、緩衝材となるはずの柔らかい衣服をまとわずに剝《む》き出しの歯で、という意味の比喩的な慣用表現である。

歯がきれいに生え揃《そろ》っていると顔が若々しく健康的な印象を与える。それが老齢になるとところどころ抜け落ちることとなり、見るからに淋《さび》しい感じとなる。大家族や仲間の集まりなどで、一人二人と世を去ったり病気で出席できなくなったりして、そういう隙間が淋しく物足りなく心細く感じられる状況を「歯の抜けたよう」と評することもある。毎日みがく歯と何の関係もなく使う比喩的慣用句である。

頰

顔面を「口」から離れて横に目をずらすと、右にも左にも「頰」が見える。これに関する慣用句も少ない。「頰を染める」という表現は、ピエロの顔などは別にして、通常、ほっぺたをペンキや絵の具で染めたりする意味ではない。恥ずかしく思うと顔が紅潮し、それが頰の部分にくっきりと現れるため、恥じらうようすを「頰を赤らめる」と言うが、「頰を染める」とやや文学的な表現を試みることもある。

信じられないほど嬉《うれ》しいことがあると、昔は夢ではないかと自分の頬をつねってみたらしい。痛いと感じれば現実だと判断するためだ。そこで、半信半疑の気持ちを「頬をつねる」と表現することもある。

不平や不満があるとそれが自然に顔に現れる。ほっぺたをふくらますのが、その典型的な表情である。そこから、「頬をふくらます」という表現が、不満の気持ちを象徴的に表すようになる。

食べ物がこの上もなくおいしいと感じると、よく「ほっぺたが落ちる」と言う。あまりの美味に思わず笑顔となり、自然に目尻とともに頬の肉の部分も下がる現象を誇張した表現なのだろうか。それとも、あまりの贅沢《ぜいたく》に罰《ばち》が当たるとでも考えたのか知らん?

悩んだり考え込んだりする場合、人はしばしば肘をつき、それを支えにして手の平で頬を包むような恰好《かっこう》をする。それを杖《つえ》に見立て、「頬杖をつく」と表現することもある。そのため、それが嘆いたり深く考え込んだりすることの象徴ともなる。

手拭などで頭から頬にかけて覆い隠すことを「頬かぶり」または「頬かむり」と言う。昔の盗《ぬす》っ人《と》の典型的な姿だ。他人から見えないように覆い隠す必要があるのは、何か知られたくない事情があるからで、多くは悪い事を連想させる。そのため、そういう実際のようすとは無関係に、この表現は、知らないふりをすることの象徴ともなる。

顎

顔の最下部「顎」に進もう。長く歩いたり肉体労働で疲れたりして、気力の上でもやる気が失せてくると、人間は顎を突き出すような恰好《かっこう》になりやすい。「顎を出す」という表現の文字どおりの意味はそれだ。肉体的な実際の恰好とは関係なく、単に「へばる」ことを意味して象徴的に使えば慣用句としての用法と見られる。

自分の思いどおりに事が運ぶと、人間はしばしば顎のあたりを撫《な》でるようなしぐさを見せる。そのため、得意そうなようす、満足げなようすを「顎を撫でる」と表現する。そのようなしぐさと無関係に、単にそういうようすを象徴的に表せば慣用句となる。

手も使わず、他人に顎で物事を指示するような高慢な態度を「人を顎で使う」と言う。この表現も、そういう顎の動きと無関係に、単に偉そうに振舞うという意味を象徴的に表す場合は、慣用句としての用法と考えられる。

大口を開けて馬鹿笑いすることを、「顎を外す」「顎が外れる」と大仰に表現することがある。よほどのことがない限り、顎の関節が実際に外れてしまうことはめったにないから、可笑しくて大笑いすることを象徴的にそう表現するのは慣用句としての用法と考えられる。

金がなくて食うものも買えず、ひもじい思いをする貧乏状態を「顎が干上がる」と表現することがある。食べるものも飲むものも通らないので、顎の内側が乾いて干上がってしまうという発想だ。

ほとんどの場合、そういう貧乏暮らしの象徴的な表現となる。

首

頭部を終わり、次に胴体へと移る前に、そのつなぎ目にあたる「首」を取り上げよう。この漢字は頸部《けいぶ》からその上にある頭部を含めた意味を表すようだから、正しくは「頸」と書いて「くび」と読むべきなのだが、ここの表記は慣用に従う。

相手に頼まれて、「首を縦に振る」と引き受けることになり、「首を横に振る」とその要求をはねつけることになる。そういう実際の首の動きをさして使えば、ともに字義どおりの意味となる。肉体的な動きと無関係に、単に肯定か否定かという意味合いでその表現を使えば、どちらも慣用句としての象徴的な用法となる。

また、判断がつかずにしばらく考える際には、首を少し曲げる姿勢をとることもある。したがって、「首をかしげる」という表現は、判断がつかない、疑問に思う、納得できず不満に思うといった理由で、実際に首を少し曲げる場合にも使われるが、首の角度と無関係に、単にそういう不本意な気持ちの象徴として使う慣用句としての用法が多いだろう。「首を捻《ひね》る」も似ているが、こちらは疑問に思う場合が一般的で、不満や不服という感じまでは含まないように思われる。

「首が回らない」という言い方は、首筋や肩がひどく凝って、首を回すと痛みが走る、という肉体的な状態をさす、字義どおりの表現としても使われるが、あちらこちらの借金が溜《た》まり、どうにもやりくりがつかない、という家庭のひどい経済状態をさして使うことが多い。実際に首が左右に回らないことではなく、そういう貧乏状態を象徴して使う場合には、慣用句としての用法となる。

人がやって来るのを今か今かと待っているときは、少しでも遠くが見えるよう首を伸ばす姿勢となりやすい。そのため、「首を長くして待つ」という表現が誕生したのだろう。これも姿勢と関係なく、単に楽しみに待っているという意味を表す場合は慣用句である。

人の集まりや催しや話し合いなどに参加することを「首を突っ込む」と表現することがある。積極的に入って行く際には前のめりの姿勢になりやすいからだろう。実際の姿勢と関係なく、興味を抱いて参加し、深くかかわることを象徴して使う場合は慣用句としての用法となる。

江戸時代までは実際に首を刎《は》ねて相手の命を絶つこともあったが、今では「首を切る」と言えば、辞めさせる、解雇するという意味になる。「首をちょん切る」という俗っぽい表現でも同様だ。それを切られる側から見れば「首が飛ぶ」となる。そうなる危険が迫ると「首が危ない」と言い、その危険が遠ざかれば「首がつながる」となる。解任・解雇したあと、その地位や役職などに他の人をあてることは「首をすげ替える」と言う。人形でもない限り、どれも現代では字義どおりの用法は考えにくく、すべて慣用句として象徴的な意味を表す。

ただし、「首を括る」という表現は、自殺する際に首を紐《ひも》状のもので実際に絞めることを意味し、

「首を吊る」という言い方も、高い所から紐状のものを垂らし、それに首を引っ掛けて実際に死ぬことをさす。つまり、これらは字義どおりの意味で使われる。

肩

ここから正真正銘の胴体に入る。まずは首からつながる胴の最上部に位置する「肩」だ。「肩身」と言えば「肩」と「身」すなわち身体をさすが、意識の中心は「肩」にあるだろう。肩幅が広いか狭いかという体型とは別に、世間に対して面目が立ち、誇らしい気持ちの場合は、肩を広げて堂々としていられるから「肩身が広い」と言い、世間に合わせる顔がなく、恥ずかしい気持ちの場合は、逆に両肩を胸の側に寄せて、他人の邪魔にならないよう肩を狭めて暮らすため、「肩身が狭い」と言う。実際の姿勢と無関係に、もっぱらそういう心理状態をさす場合は、どちらの表現も慣用句としての用法となる。

「肩をすくめる」は両肩を首側に寄せて幅を狭くする動作、すなわち「肩をすぼめる」ことをさす。寒さや緊張などで筋肉が萎縮するのが「すくむ」で、ここは具体的には肩を縮めることだが、当人にとって予想外の、特に不都合な事態に直面した際の気持ちを表明する態度だから、間接的にそういう心理状態を伝える結果ともなる。

「肩を落とす」は肩の力を抜いて両肩を下げる動作をさすが、これは緊張したあとの気の抜けた状態であることが多く、がっかりしてしょんぼりしている心理状態が間接的に伝わってくる。

「肩をそびやかす」は逆に、両肩を高くして相手を威圧する動作で、間接的に威張った態度をとることの象徴ともなる。「肩を怒らす」も、両肩に力を入れて高く反らす動作をさし、間接的にこれも威圧的な態度を示す結果となる。また、そのような姿勢で肩を交互に勢いよく突き出すように歩くと、その動きで生ずる空気の流れをはねのけるように感じるのだろう、「肩で風を切る」と表現することがある。端《はた》から見て颯爽《さっそう》と威勢よく感じるため、偉そうな態度で得意げに振る舞うようすの比喩的象徴ともなる。

「肩を並べる」は文字どおり、相手のすぐ横に立ってその肩と自分の肩とを並べるようにする行為をさすが、地位や立場あるいは実力や勢力を競い合うことの象徴として使われる派生的な意味のほうが一般的だろう。

「肩を入れる」はもともと、何人かの人の間に自分も肩を入れてそれに加わるという意味であるが、そこから単に仲間になるという意味に広がり、さらにその人たちに協力してに援助する、贔屓《ひいき》するという意味にまで広がった。「肩入れする」という形の場合はもっぱらそういう意味を表す。

「肩を持つ」も本来は支えになるよう力を貸すという具体的な行動をさすのだろうが、今では味方になって贔屓するという意味に用いることが多い。「肩を貸す」ももともと、重い荷物などを一緒に担いで運んでやるという具体的な行動をさしたが、今では単に、手伝う、協力するという意味に抽象化した用法が一般的だろう。

「肩が張る」は、基本的に肩の筋肉が強張《こわば》ることをさし、「肩が凝る」も、肩の筋肉が疲労して凝り固まったようになることで、今でもそういう肉体上の状態をさす用法が多い。しかし、それを精神面に広げ、「肩の凝る話」のように、どうしても緊張してしまい、伸びやかな気分になれないという意味合いで使うこともある。そういう状態を改善するために肩を揉《も》んだり叩《たた》いたりして筋肉に柔軟性を取り戻す。それが「肩をほぐす」であり、その結果、「肩が軽くなる」。重い物を担いでいる場合は、その「肩の荷を降ろす」と楽になる。そこから、自分にかかっていた負担や責任などがなくなって気が楽になるといった抽象的な意味合いに広がって、今やそういう象徴的な用法のほうが一般的だ。

全力で走ったり激しい労働をしたり、あるいは病気で息が苦しいときなど、通常の呼吸では間に合わず、肩を大きく上下させて必死に酸素を吸おうとする。そのようすが、口や鼻だけでなく肩でも息をしているように見えるから、「肩で息をする」と表現する。

相撲に「肩透かし」という決まり手がある。押して来るのを受け止めながら、とっさに体《たい》を開き、相手の肩口に手をかけて引き倒す技である。まともに対応しないで相手の勢いを逸《そ》らすところから、比喩的に、意気込む相手を巧みに扱ってその勢いを逸らすという意味の慣用句としても使われる。相手にとっては「肩透かしをくう」ことになり、象徴的な表現に広がった。

胸

次に、「肩」の下の前面に位置する「胸」を取り上げよう。この「胸」という語は日本語の場合「心」を納める場所という発想もあり、「胸」にまつわる慣用句はかなりの数に上る。

まず、「胸を張る」という表現である。鳩胸《はとむね》という体型とは別に、自信に満ちている人間は小さくなる必要がないから胸を張って堂々としている。この表現がそういう姿をさす場合は字義どおりの意味であるが、そういう姿勢とは無関係に、自信に満ちた態度を象徴的にさすこともあり、その場合は慣用句としての用法と考えられる。「胸を叩《たた》く」も似ている。自信満々で自分に任せておけという気持ちを表明するために、自分の胸を平手で軽く叩くしぐさをすることがある。そういう具体的な動作を表す場合は字義的な意味だが、この表現も、実際のしぐさと関係なく、単にそういう自信に満ちた態度をさす慣用句用法もある。

危険が遠のいたり、心配事が解決したりして、ほっと安心すると、思わず自分の胸に手の平を当ててそっと撫《な》でることがある。そういう動作と無関係に、単にほっと安心することを「胸を撫で下ろす」と表現すれば、慣用句としての用法となる。

「胸に納める」「胸に畳む」となると、そういう現実の行為は考えられない。どちらも、他人に口外することなく心の中に秘めておくという意味をイメージ化した慣用表現として使われる。「胸に刻む」という表現も、彫り物をするような実際に刻む行為とは無関係で、しっかりと深く記憶して忘れないようにするという意味の慣用句である。「胸に聞く」という表現も、胸は返答しないから実際に尋ねるという意味にはならない。今心に浮かぶ考えが自分の本心なのかどうか、深く考えてみることをさす慣用句として使われる。

「胸が騒ぐ」という表現も、胸が実際に騒々しく騒ぎ立てるはずはないから、心の中の状態をさす。心配で不安になり落ち着かない気持ちを象徴する慣用句として用いる。「胸に応《こた》える」は、心に強い衝撃を受け、そのことが身にしみるという意味の慣用句だ。「胸に迫る」は、心を強く動かす、特に感動するというような意味合いを表す慣用句となる。

「胸が痛む」は心に苦痛を感じる意で、不安や悲しみの感情を強調する慣用句である。「胸を痛める」も病気や怪我ではなく、そのことについて心配し悩むという意味の慣用句として使うことが多い。「胸が潰《つぶ》れる」という慣用句は、単に、ひどくびっくりするという場合と、このように心配や悲しみなどで心が締め付けられるような感じのする場合と、両方の意味で使われている。激しい感情に襲われて胸が引き裂かれるようにつらくなるという意味では「胸が裂ける」「胸が張り裂ける」という慣用句が使われる。

「胸を突かれる」は、胸のあたりを小突かれるという字義的な意味よりも、突然のことではっと驚くという意味の慣用句としてよく使われる。「胸を打たれる」も、ボクシングでダメージを受けるという文字どおりの意味よりも、強い感動を覚えるという意味の慣用句の用法のほうが一般的だろう。

食べ物がなめらかに咽喉《のど》を通過せず、胸の中がふさがれたような感覚を「胸がつかえる」と言ったり、悩みや悲しみ、あるいは感動の気持ちが一度にこみあげて息苦しい感じになると「胸が詰まる」とか「胸が塞《ふさ》がる」とかと言ったりする。どれも生理的な異状と無関係に、もっぱら精神的な意味合いを表現すれば慣用句用法と見てよい。その反対に、胸のあたりがすっきりするようすは「胸が透《す》く」と表現する。胃の消化作用の低下で酸っぱい液が口のほうまで上がってくるのが「溜《りゅう》飲《いん》」で、上がってこなくなれば気分がすっきりする。それを「溜飲が下がる」と言う。文字どおりには医学的な話題だが、不平や不満や恨みなどを晴らして気分的にすっきりするという意味に派生して使うことも多い。「胸が透く」という表現も、生理的な意味と無関係に、もっぱら精神的な意味合いで使えば慣用句としての機能を果たす。

みぞおちから咽喉のあたりにかけての不快感を意味する「胸焼け」という名詞がある。動詞句としては「胸が焼ける」と表現する。焼けるような強い不快感だからだろう。その感覚を「焼ける」と比喩的にとらえた慣用句だが、そういう生理的な意味合いにとどまり、今のところ、それ以外の状況を象徴的に表すところまでの広がりは見られない。

ただし、「胸が熱くなる」とか「胸を焦がす」とかという表現は違う。前者は、ひどく感動して興奮し、胸部に血が集まってそのあたりが熱をもったような感覚もいくらかあるのかもしれないが、通常は、強い感動を受けるという意味合いで象徴的に用いる。後者ももちろん、現実に胸が黒く焦げる現象をさすわけではない。相手に思い焦がれて思いを募らせるようすを誇張した象徴的な表現の慣用句である。

「胸がいっぱいになる」という表現も、「腹」とは違って、実際に何かが詰まるというような文字どおりの意味では使わない。強く深い感動を受けたことで、息が詰まってものが言えないように感じるようすをさす慣用句として用いられる。また、「胸をふくらます」という表現も、深呼吸をするなど空気を多量に体内に摂取した際の感覚をさして使われることもあるが、期待や希望で心が満たされる気分を象徴する慣用句として使う例が多い。

「胸が躍る」や「胸を弾ませる」という表現も、胸部が躍動する事実ではなく、そういう感覚、すなわち、期待で胸がときめく、心が浮き浮きするという心理状態を肉体的な感覚で象徴させた慣用句として使われる。同じく、「胸をときめかす」という表現も、心臓の鼓動が高まるという生理現象自体ではなく、心臓がどきどきするような感覚を覚えるまでに喜びや期待が大きいという心理状態を象徴的にとらえた慣用句と言えるだろう。それをさらに強調し、大仰にとらえたのが「胸が轟《とどろ》く」という表現である。夢が実現しそうな期待などでどきどきするときの心臓の高鳴りを、大きな音が鳴り響く大音響と誇張した発想であり、もちろん象徴的な意味にしか用いない慣用句となっている。

強い力士が胸を出して、下の力士のぶつかり稽古の相手になることを、胸を出す側から「胸を貸す」と言い、ぶつかる側から「胸を借りる」と言っている。金銭や物品の貸借関係ではないが、相撲の世界ではそういうとらえ方をする慣習がある。相撲界でも、明らかに地位の違う二人の力士が、ぶつかり稽古以外の形で取り組んだり、本場所で対戦したりする場合にこの表現を使えば比喩的な用法となる。ぶつかり稽古とは無関係に、他のスポーツの世界で、力に差のある選手やチームが対戦する場合に使うこともあり、その場合は明らかに象徴的な用法となる。スポーツ以外の一般社会でも、地位や実力に差のある二者が争う場合にこの表現を使えば、完全に慣用句としての用法ということになる。

心臓

「胸」という和語が、そこにあると考えてきた「心」までを含み、広くそのあたり一帯を意味するのに対し、「心臓」という漢語は内臓の一つをさすにとどまる。ただし、「心臓が強い」という言い方で、無神経で図々しいようすを表し、恥知らずという極端な段階になると「心臓に毛が生えている」と称する。「心臓が弱い」という言い方はその反対に気が弱い意を表す。ともに象徴的な用法の慣用句として使う例がほとんどだ。

肝

「肝臓」という漢語を用いた慣用句はないようだ。「きも」という和語は、「鰻《うなぎ》の肝」のように肝臓を意味する用法もないわけではない。古くは「はらわた」のように内臓の総称だったらしい。そこから「肝っ玉」のように胆力を意味したり、気力といった精神的な意味に広がったりしたため、度胸を意味する慣用句がいくつか生まれた。

「肝が据わっている」は、めったに動揺することなく落ち着き払っている意、「肝が太い」は、大胆でものおじしないという意味、「肝が小さい」は逆に、気が小さくすぐに動揺するようすをさす。危険なめに遭遇してひやりとすることを「肝を冷やす」と言い、ほんとに驚いて気が動顛《どうてん》することを「肝をつぶす」と言う。そういう度胸を試すのが「肝試し」である。

「肝に銘じる」も、心に深く刻みつけることであり、現代人の感覚からすれば、これらの慣用句はいずれも発想段階から比喩的象徴的であったと考えられる。

腹

胃腸、特に大腸のあたりを漠然と「腹」と呼んでいる。「腹が減る」と言う場合は胃の部分も意識に上るだろう。腹という臓器が減少するわけではないが、食べたものが消化して腹の内部に空白が生じたという感覚なのだろう。空腹状態では力が出ないといった意味合いの「腹が減っては戦《いくさ》ができぬ」という諺《ことわざ》はあるが、「腹が減る」の部分はあくまで生理的な現象をさすにとどまり、この表現は比喩的象徴的な意味にまでは広がっていない。「腹をくだす」という表現も、下痢をするという生理的な現象をさすのみで、肉体的な意味から抽象的な意味合いへの発展は見られない。

「腹を痛める」という言い方も、「腹を痛めた子」が母親にとっての実子をさすように、妊娠・分娩《ぶんべん》を間接的にそう表現しただけであり、まったく別の意味に抽象化する用法は見当たらない。ただし、「腹が痛む」となると事情は少し違ってくる。この表現はもちろん胃腸に痛みを感じるという肉体的な意味をも表すが、「自分のふところが痛む」「自腹を切る」とも言うように、いやいや自分の金で払うという比喩的な意味でも使うからだ。「腹を切る」の場合も、江戸時代までは、短刀などでみずから腹を切って命を絶つ、すなわち「切腹」という実際の行為を意味したが、現代ではほとんど、失態の責任を取って役職などを辞任するような意味合いの比喩的な用法となる。

あまりの滑稽さに笑い転げるときに「腹を抱える」と言うこともあるが、これは両手で腹部のあたりを囲うようにするという具体的な動作をさし、誇張してそう表現することはあっても、笑うことから離れた象徴的な意味にまで抽象化する例はなさそうだ。「腹がよじれる」というのも、笑い過ぎて腹部の筋肉が捩《ね》じれたように痛く感じられるという肉体的な現象をさすにとどまり、これも誇張表現はあっても象徴的な意味にまで抽象化しない。

「腹をこしらえる」という表現も、腹という部位を製造するわけではないが、食べることにより、減った腹を正常に戻し、活動に備えることを意味するにとどまり、食事という具体的な行為を離れて、まったく別の意味に象徴化する用法はないようだ。

しかし、「腹を肥やす」となると、事情が変わってくる。「肥やす」という動詞が栄養を与えて肥らせるという基本的な意味のほか、植物のよく育つ肥沃な土地にするという意味に発展するからだけではない。この表現はさらに、「私腹を肥やす」とも言うように、不正な手段で自分だけ得になるように事を運ぶという比喩的な意味にまで広がる用法を持つ慣用句なのだ。

「腹がふくれる」という言い方は、食べ過ぎて腹の皮が張るほど腹部がふくらむという基本的な意味のほか、言いたいことを言わずに我慢して不満が溜《た》まるという精神的な意味でも使われる。不満の溜まる場所は胃腸ではないから、これは比喩的な用法である。「腹ふくるる業《わざ》」というのがまさにそれで、不満とともにストレスも溜まる。

「腹」という語は時に、心の状態をさすこともある。「腹を据える」という表現は、予測される困難から逃げずにそれを受け止める覚悟を決めるという意味合いになるし、「腹が据わる」という表現は、迷ったり怖れたりせず、ものに動じないという意味となり、度胸があって物に動じない人を「腹が太い」と評することもある。

表面に出ないその人の考えを「腹」と言うこともある。「腹に一物《いちもつ》、手に荷物」といった駄洒落があるが、何かよくないたくらみがあると睨《にら》んだときのことばである。「腹を探る」はその相手の考えていることを推測するという意味であり、「腹を読む」も、相手の本心を探り当てることを意味する。一方、「腹を割る」はみずから率直に本心をさらけ出すという意味の慣用句となる。「腹に収める」という表現は逆に、ある考えを他人に知らせず、自分一人の心の中にとどめておく、という意味で使われる。

「腹を合わせる」は何人かが同じ考えを共有するという意味であり、多く、ぐるになって悪だくみを働く、共謀するといったよからぬ意味で使うことが多い。「腹を固める」は決心するという意味になり、「腹を決める」はあれこれ迷わず一つの考えに決めるという意味、「腹をくくる」も一つの考えにしぼるという意味になるなど、いずれも思考の意味で使われる。

「立腹」という漢語に対応する「腹を立てる」「腹が立つ」という和語表現がある。この場合の「立つ」という動詞は横から縦に変化するという意味ではない。「波が立つ」の場合と同様、平静だったところに何か動きが生ずるという基本的な意味に対応するだろう。「埃《ほこり》が立つ」「泡が立つ」もそういう意味の「立つ」であり、「噂《うわさ》が立つ」も同様だろう。出発する意の「発《た》つ」も、行動に出る意の「起《た》つ」も基底的な意味は共通する。

怒りや不愉快な感情を抑えることができないという意味の「腹に据えかねる」、どうにも納得できず、このままでは気が済まないという意味の「腹が治まらない」の「腹」も心の状態を問題にしているし、怒りの感情が消えて興奮状態を脱するという意味の「腹が癒える」も同様である。

根性が汚く、卑怯《ひきょう》で見苦しいといった意味合いの「腹が汚い」という表現も、心の中が汚れていると見る発想だし、よく使う「腹黒い」「腹が黒い」という表現も、もちろん腹部の皮膚の色合いとは無関係で、やはり、心がねじけていて、ひそかに悪だくみをしそうに陰険な性格を意味する。つまり、「腹」の部の多くが、象徴的な意味として働く慣用句となっている。

臍

臍《へそ》の緒の取れた跡である「臍」は、下腹の中央部に位する窪《くぼ》みであるところから、比喩的に「パンの臍」というような言い方もする。また、物の中央にある大事な場所という比喩的発想から、「日本の臍」といった表現もある。ただし、これは単語の用法であり、「臍」に関する慣用句は少ない。

ひどく可笑しいときに人はよく腹をよじって大笑いする。笑っている間ずっと腹部が揺れ動くことからの連想なのか、「臍で茶を沸かす」という表現をする。また、その際、腹がよじれて当然その臍の位置も動く。そのことを擬人化して大仰に「臍が宿替えする」と表現することもある。

また、根性が捻《ね》じ曲がっていて他人と同調しない人を、人並みでないという意味で「臍曲がり」と呼ぶ。「つむじ曲がり」と同様、肉体的な構造とは何の関係もない。性質だけでなく一時的な態度についても「臍を曲げる」と言い、すねて他人の言うことにわざと反抗することをさす。

なお、「臍」のことを古くは「ほぞ」、さらに古くは「ほそ」と言ったらしい。決心する意で「ほぞを固める」という言い方を今でも使うことがある。また、後悔するという意味の「ほぞを噛《か》む」という言い方は、中国の古典から出た表現であるという。

背

上体の裏側にまわろう。まずはその上のほうを占める「背中」だ。「背中合わせ」は、人と人が互いに背中を向け合って、それぞれ反対の方角を見るように位置するというのが基本的な意味である。肉体の向きとは無関係に、互いに仲が悪いという人間関係を表すこともある。また、人間そのものを離れて、「生と死」「運不運」など、裏表の関係にある存在をさす派生的な意味でも使われる。

「背中を流す」という表現は、背中の部分がどこかに流れ去るわけではないが、背中を洗うという実際の行為をさすにとどまり、象徴的・抽象的な意味には広がらない。

父親の「背中を見て育つ」という言い方をすることがあるが、子供がその背中を見ながら成育するという文字どおりの意味ではなく、特別に教えなくても、子供は親の仕事をする姿を端《はた》でなんとなく見ているうちに、その気持ちや人柄をおのずと理解するようになり、そういう影響を受けて自分も成長してゆくという意味合いで使われる。

「背を向ける」という表現は、ある対象に後ろを向くというのが字義どおりの意味であるが、そういう位置関係と無関係に、知らないふりをして関《かかわ》らない、言うことを聞かず、むしろそれに背く、といった態度の象徴として用いることもある。

「背に腹は代えられない」という表現は、背中とお腹は交換できないという文字どおりの意味で使う現実はほとんど考えられない。重要な事態が差し迫った今、他のことなど構ってはいられないといった象徴的な意味を伝える慣用句としての用法に限られる。

腰

その下部にあたる「腰」に関する慣用句は、もう少し豊富だ。「腰を伸ばす」という表現は、実際に腰のあたりをまっすぐにして体を伸ばすという肉体的な動きを伝える。屈《かが》んで仕事をしていた場合など、そういう姿勢にすると体が楽に感じるところから、「休む」という意味合いを帯びることがあり、意味がいくらか広がる。

相撲で「腰が高い」と言えば、膝をあまり曲げない不安定な姿勢で投げ技に脆《もろ》いことを意味する。一方、その姿勢だと頭の位置が高くなるところから、相手に対して威圧的になりやすく、偉そうな印象を与えるという、態度の問題となり、意味が抽象化する。その反対が「腰が低い」だ。相撲で両足を広げて膝を曲げる安定した姿勢をとることは通常「腰を割る」と言うから、この表現は、相手に対してへりくだった態度をとる、低姿勢の象徴として使う慣用句である。

一方、「腰が重い」「腰が軽い」という表現も、腰部の重量を意味する例はほとんどなく、通常、前者はなかなか行動に移さないさまを、後者は気軽に行動するさまを意味する例が多い。後者の場合、深く考えずに行動するというマイナスのニュアンスが伴いやすい。

「腰を上げる」という表現は、据わったり腰かけたりしている状態から立ち上がるという字義どおりの意味で使うほか、行動に移るという意味を象徴する慣用句ともなる。「腰を据える」も、同じ場所に長く居るという基本的な意味のほか、落ち着いて物事に取り組むことの象徴的表現ともなる。「腰が据わる」も覚悟をきめてじっくりとその仕事に励むというようすを象徴する用法が一般的だろう。「腰を入れる」も、肉体的な動作を表すより、本気になって取り組むということの象徴的な表現となる例が一般的なようである。「本腰を入れる」というのも同様だ。

「腰を落ち着ける」は、一つの場所に長くとどまるという意味でよく使われ、「腰を浮かす」も、立ち上がろうとして腰を少し上げる、つまり中腰になるという具体的な動作をさすのが基本だが、どちらもそういう動作に象徴される態度をさすこともある。

人間の肉体的な条件としては当然だから、「腰がある」という表現は用いない。うどんや蕎麦《そば》についても、適度なねばりや弾力があって歯ごたえを感じる場合に使う。そういうしなやかさがさらに増すと「腰が強い」と評する。その逆に、弾力に欠けるのが「腰が弱い」である。

相撲で腰がぐらついて体勢が崩れることを「腰が砕ける」と言い、その状態を「腰砕け」と称する。どちらの表現も、肉体的な変化とは無関係に、比喩的に、目標に向かって物事を進めている途中で勢いを失って、その目標が実現できないという意味でも使われる。お辞儀をする時など、腰のあたりを少し曲げる動きをすることを「腰を折る」と言う。その際、途中で曲げるところから、この表現は肉体の動きを離れて比喩的に、「話の腰を折る」というふうに、物事の続く勢いを途中で妨げるという意味にも使われる。

「腰を抜かす」「腰が抜ける」という表現も、腰の骨が外れて立てなくなるという基本的な意味のほか、慣用句として、ひどく驚いたり落胆したりという精神的なショックで、立っていられないほど気力を失うことを誇張してそう表現する場合もある。

尻

上半身の最下部に位置する「尻」に進もう。会話では「お」を冠して丁寧に言うことが多いが、慣用句ではずばり「しり」と言い、一部は俗っぽい「けつ」を使う。話題として敬遠する傾向が見られるが、「しり」は「後方」を意味する古語「しりへ」と関連し、「けつ」も漢字の「穴」の字音のようだから、ことばとしては臭いも何もない。

坐るにしても腰かけるにしても、尻の部分を下に据えるから、時間が経つとだんだん尻が暖まってくる。そのため、「尻が暖まる」という言い方は、そういう現実の温度感覚をさすだけでなく、同じ場所に長く居ることの象徴表現ともなる。「尻を落ち着ける」「尻を据える」という言い方も、一つの場所に留まって生活し、じっくりと仕事に取り組むことを象徴する表現となる。

「尻が長い」もその人の体型とは無関係で、他人の家に上がり込んで長居をすることを象徴し、たいてい相手に嫌がられる。そこで不承不承「尻を上げる」ことになるが、この表現は単に立ち上がってその場所を立ち去るという意味のほか、行動を起こすという意味の象徴ともなる。なかなか行動を起こさず、始めるまでに時間のかかる人を「尻が重い」ということばで象徴する。その人間の臀部《でんぶ》の重量とは何の関係もない。

その逆の「尻が軽い」も重さとは関係なく、よく考えもしないですぐ動き出すタイプをさすが、軽はずみな行動といったマイナスイメージが強い。また、女性について言う場合は、浮気で身持ちの悪い女を意味する例も多い。なお、「尻癖が悪い」という慣用句は、子供などがよく大小便を洩《も》らす場合にも言うが、同じく性的関係に節操がなく、ふしだらな人間を意味する用法もある。

尻の下に座蒲団《ざぶとん》を敷くのは珍しくないが、慣用句としての「尻に敷く」という表現は、家庭の中で妻が権力を持ち、夫の意向を伺《うかが》わずに自分の思うように振舞うことをさす。「尻に火がつく」という言い方も、火事などで尻のあたりに燃え移るという字義的な意味ではめったに使われず、そのぐらい差し迫った状態に達したという意味に象徴化して用いるのがほとんどである。まして、現実に「尻に帆を掛ける」人はいないから、帆掛け舟が風を受けて進むように、さっさと逃げ出すという意味の比喩的な慣用句として使われる。

　競馬でラストスパートに入るときなど、馬の尻に鞭《むち》を当てる場面をよく目にする。相手が人間の場合は実際に尻のあたりを平手で叩《たた》く動作をすることはめったにないが、急《せ》きたてたり励まして頑張らせたりすることを「尻を叩く」という言い方で象徴的に表す。着物の裾の端を持ち上げて帯に挟むことを「はしょる」と言う。「端折る」という意味である。「尻っぱしょり」は活動しやすい恰《かっ》好《こう》だが、「尻をはしょる」という言い方で、話や説明などの後ろの部分を省略して短くするという意味でも使う。

　後ろを意味する「尻」という語は、物事の結末という意味にもなり、他人の不始末の余波という意味で「尻が来る」という言い方をする。そういうふうに苦情を言って後始末を要求することを「尻を持ち込む」と言い、その他人の失敗や不始末を当人に代わって処理することを「尻を拭う」あるいは「尻拭いをする」と象徴的な表現をすることもある。

「尻がこそばゆい」という表現も、実際に尻のあたりがくすぐったいという感覚を表現する字義的用法だけでなく、きまりが悪くて落ち着かないといった心理描写ともなる。

　また、「尻」という語が結末や不祥事だけでなく、それとなく悪だくみを意味することもあり、悪事が露見することを「尻が割れる」、そういう秘密を暴露することを「尻を割る」と象徴的な意味で表現する用法もある。

尻そのものではないが、尻に生えた毛を意味する「尻毛」を用いた慣用句もある。「尻毛を抜く」というのがそれだ。むろん、美容外科で無駄毛を剃り落とすことではない。よほどうっかりしない限り、そういう場所に他人の手が入ることに気づかないはずはない。この表現は、他人の油断につけこんで急に何かをやってのけて驚かすという意味の慣用句だ。

腕

上体に続いて手脚に移ろう。「手」という日本語は、手首から先の指のついた部分だけをさす場合と、そこを含めた腕全体をさす場合と、両方の意味で使われる。その前にまず、後者の意味を専用に表す「腕」という語に関連した慣用句を扱っておく。

「腕をまくる」という言い方は、「腕まくり」すなわち、袖口をまくり上げて腕を出す行為をさす。邪魔になるものがなく自由に腕を動かせるようにするという基本的な意味から、喧嘩《けんか》をするなど、積極的に行動に出ようと意気込むようすを象徴する慣用句ともなる。

「腕に縒《よ》りをかける」という表現も、腕がいくら細長くても、糸や紐《ひも》のように実際に縒《よ》るわけにはいかないから、自分の技量を存分に発揮できるように最大限の努力をするという意味の比喩的な決意表明としてもっぱら使われる。このように「腕」という語は、単に身体部位の一つを意味するだけではなく、その力である腕力のほか、技量や能力をも意味して使われる。「腕をふるう」は腕力を発揮するだけではなく、技量を示す意味でも用いる。「腕が鳴る」という表現も、音を発することではなく、そういう働きをしたくてたまらない気持ちであることを意味している。

「腕に覚えがある」も経験上そういう技量に自信があるという意味であり、「腕が立つ」は事実、そういう秀でた力量を具《そな》えているという意味を表す。「腕を上げる」「腕が上がる」も、そういう力量の面で上達することを意味し、「腕を買う」はその力量を高く評価することであり、「腕を貸す」はその力量を他人のために使うことを意味する。

また、「腕をこまぬく」は具体的には腕組みをすることをさすが、そういう姿勢に関係なく、手出しをせずに傍観するという意味の象徴表現として使う用例が多い。「腕を遊ばせる」という言い方も、持てる技量や能力を発揮することのないようすを象徴する表現である。

手

身体部位を使った慣用句の中で圧倒的に多いのは「目」だが、次いで多いのが、同じくエ段の母音の同じ一拍の語である「手」なのは偶然か知らん? 「目」の動きでさまざまな表情をつくり、その時々の気持ちを伝えるように、ちょっとした「手」の動きでその人の考えが伝わってくる。どちらも口ほどにものを言うような気がする。「手」という日本語は、腕を意味することもあるといった単純なことではなく、働く人、支配下の者、持ち札・持ち駒という意味から、腕前、手段、工夫、文字その他、実に多様な意味で使われる。

「手を打つ」という表現は、必要な処置を行うという意味と、交渉ごとで妥協して決着をつけるという意味との両方で使われる。「手をほどこす」は、対策を立てて必要な処置をするという意味合いで使われる。また、「手を下す」という表現は、実行に移す、特にみずから行うといった意味合いで用いられる。「手に掛ける」も自分で行うことだが、殺害する意の間接表現ともなる。殺される側から見れば「手に掛かる」となる。人の嫌がるような仕事や悪事などを働く場合は「手を汚《よご》す」と言い、事業などの範囲を大きくする場合は「手を広げる」という表現に象徴させる。

「手を出す」という言い方は、自分から働きかけるという意味だが、女性に関係を迫るという特殊なニュアンスを漂わせる例も少なくない。「手が出ない」は自分の力量や財力などではどうにもならないという意味であり、「手も足も出ない」という表現もよく似ているが、向こうが強すぎてとうてい勝負にならないという意味合いでも使われる。

「手をつける」という表現は、新しいことをやり始めたり、使わずに持っていたものなどを使いだしたりする意味のほか、古くは使用人など目下の女性に関係を迫るという意味でも使われたようである。そういう関係が成立すると「手がつく」と言ったようだが、この表現ももっと広い意味で使われる。「手がつけられない」となると、そういう関係ではなく、物事の程度がひどすぎて、なすべき手段が見当たらないといった状況で使われる。

「手を上げる」という言い方は、殴りかかるという意味の間接的な表現となるほか、降参して両手を上げる、つまり、敗北宣言の象徴的表現ともなる。一見、それと関係のありそうな「手が上がる」という表現は、技量が上達するという、まったく別の意味であり、酒量の増えることを、強くなったという意味でそこに含める用法もある。

仲良しの二人は「手に手を取る」が、通常は「手を結ぶ」「手を握る」「手を組む」「手を携える」と言う。そういう一連の言い方は、いずれも握手など二人の人間の手が接触する行為を基本的な意味とし、互いに協力して事に当たることの象徴的表現としても用いられる。そういう関係を途中でやめることを「手を引く」、協力関係をみずから積極的に解消するのが「手を切る」で、元どおり縁のない関係に戻るのが「手が切れる」である。

「手が空《あ》く」は一仕事したあと、次の仕事に取りかかるまで、しばらく暇な状態になるという意味であり、「手が空《す》く」と読んでも似たような意味を表す。「手がふさがる」は、何かに取りかかっていて今は他のことをする余裕がないという意味になる。ともに具体的な手の状態とは関係なく象徴的な意味合いで使う。

「手を抜く」は、あるべき手順のどこかを省いて不当に楽をするという意味になる。

「手が離れる」は、仕事が完成したり、ある工程が終了したりして、直接のつながりが切れるという意味で使われる。また、子供が成長していろんなことが自分でできるようになることを、親の側からそうとらえることもある。「手が離せない」は逆に、それを中断して他のことに手を出せる状態ではないという意味合いで使われる。何かが気になるなど、気が散って肝腎《かんじん》のことに集中できない場合は「手が付かない」という表現になる。また、能力の点でこなせない場合は「手に余る」、まったく手のほどこしようがないと「手に負えない」となる。

「手がある」「手がない」という言い方をすることもあるが、どちらも「手」の部分が、「人手」をさす場合と、「手段」をさす場合とで意味がまったく違ってくる。「手に乗る」はうっかり誰かの巧妙な手段に騙《だま》されることをさす。

「手を合わせる」は神社の前で手の平を打ち合わせて柏手《かしわで》を打つ作法か、仏前で手の平をこすり合わせる所作か、そういう肉体的な行動をさすのが基本的な意味だろう。そこから、拝む、頼む、あるいは深く感謝するといった意味合いに広がり、手の動作と無縁の象徴的な意味ともなる。

修正・補筆の意の「手を入れる」や「手が入る」、そのために何かをする手数や手間をさす「手がかかる」「手をかける」あるいは「手が込む」、自分の能力が及ぶという意味の「手が届く」などの「手」はいずれも、身体部位としての「手」そのものではなく、その人間のさまざまな行為をさしている。「手を焼く」も効果的な扱い方がわからずに困り果てるという場合の象徴的な表現だから、火傷《やけど》の心配はない。

「手が早い」という表現は、もちろん手の瞬間的な動き自体ではなく、仕事のスピードであったり、すぐに殴りかかる習性であったり、あるいは恋愛相手への迫り方であったり、何かをするのに要する時間の短さを問題にしているようだ。

「手が長い」も腕の長さそのものではない。腕が長ければ他人の懐中物まで届きやすいという発想なのか、盗み癖があることの象徴となっている。「手が回る」という表現は、必要な世話や手配が十分に及ぶことを意味するが、「手が後ろに回る」となると、まるで違った意味になる。昔は罪人の手を腰の後ろに回して縄で縛ったため、逮捕されることの婉曲《えんきょく》表現となった。現在の手錠のイメージでは逆に手が前に回る感じになるかもしれない。「手を回す」という言い方は逮捕とは無関係で、物事がスムーズに運ぶよう、あらかじめ関係箇所に働きかけておく、といった場合に用いられる。

物でも情報でも、何かが自分の自由になる状態になると「手に入る」と言い、自分から働きかけてそうなるようにすることを「手に入れる」と言う。逆に、それが誰かのところに行ってしまうのが「手に落ちる」「手に渡る」である。

「手の裏を返す」「手の平を返す」は手をひっくり返す行為をさす文字どおりの意味だが、表と裏とではまるで違って見えるところから、態度や表現などが急にがらりと変化するようすを象徴的にそう表現することが多い。

「大手を振る」の「大手」は手の大きさとは関係なく、腕を大きく振って歩くことであり、そういう歩き方から、こそこそしないで堂々とした態度をとる意の象徴表現ともなる。

指

足では人差し指も紅指し指もそういう機能を果たさないせいもあり、足の指に関する慣用句はないようだが、手の指について二つふれておこう。その一つは「指を屈する」という言い方である。「屈する」は曲げる意だから、多くの者のうち、指を折って数える中に入るほど優れていることをさし、漢語の「屈指」に対応する。

もう一つは「指をくわえる」という言い方だ。羨《うらや》ましく思いながら自分で手を出すこともできず、ただ黙って見ているほかはないというようすを象徴する表現である。口に指を突っ込みながら、ぼうっと眺めているという、どうにも締まらないイメージなのだろう。

膝

下半身に進み、まず脚のほぼ中央に位置する「膝」を取り上げる。腿《もも》と臑《すね》とを連結する関節の前の部分だが、がくがくして力が入らない状態になると「膝が笑う」と言うことがある。もちろん可笑しくてげらげら笑うはずはないが、もともと「わらう」の「ｗａｒ」の部分は、「割れる」のその部分と意味が共通するらしく、笑う際に唇が割れることでもつながる。膝の部分がしっくりと動かず、ばらばらになったような感覚なのかもしれない。

「膝を正す」は改まった姿勢で坐る、つまり正座をすることであり、「膝を崩す」は正座をやめて楽な姿勢に変えることをさし、それ以上の象徴的な意味にまでは発展しない。しかし、「膝を折る」となると、膝を折り曲げて体をかがめるという具体的な動作を表すだけではなく、そういう姿勢に象徴されるような、相手に屈服するという抽象的な意味ともなる。

「膝を乗り出す」「膝を進める」も、膝を前に出して相手に近づく動作をさすだけでなく、それに象徴される、乗り気になる気持ちを表すこともある。「膝を突き合わせる」という言い方は、相手の膝と触れ合うほどに接近するという物理的な距離を示すのだが、「膝を交える」という表現になると、単に体の位置が接近するだけでなく、そのことに象徴される親しい雰囲気を感じさせ、互いにうちとけて話し合うという心理的な接近をさすことが多い。

突然はっと気がついたり、相手の話に感心したりしたときに、人はよく自分の股《もも》の膝に近い部分を平手で打つしぐさをする。「膝を打つ」という言い方は、もちろんそういう動作そのものをさす例が多い。と同時に、それによって象徴される、同感の意をさす間接表現ともなる。

「膝を抱く」という言い方は、自分の膝を抱えるような恰好《かっこう》をすることをさす。誰かが近くにいればそんな恰好をしないことから、実際の姿勢とは無関係に、誰も相手がいない孤独感を象徴してこの表現を用いることもある。

足

「手」が「腕」の意でも用いられるように、「足」にも二つの意味がある。国立国語研究所に勤務し国家公務員の身分だった大昔、アメリカで一夏、日本語を教えたことがある。ミドルベリー・カレッジの夏休みを利用し、全米から集まる大学生を相手に九週間の講座があった。七つのどの言語の講習でも、その間、母国語の英語は使用禁止になる。が、それでも恋愛は成り立つのだから神秘的だ。日本語学校の場合、日本語を学習しようとするぐらいだから、学生はみな日本に関心が深く、Tシャツに漢字を染め抜いたりする。ある日、「足指」と書いたシャツを見かけ、それがアシュビーという金髪の学生の名前だと知って驚いた。後日その話題に庄野潤三が深甚《しんじん》の興味を示したが、それも今では遠い昔。ウェルシュという優秀な女子学生に漢字を宛《あ》てるよう依頼され、澄ました顔で「飢酒」と命名した体験など、話題は尽きない。

閑話休題、踵《かかと》から爪先までを「足」、二本に分かれている全体を「脚」と書き分けることもあるが、日本語ではどちらも「あし」であり、昔からともに「足」で代表してきただけに、慣用句のほとんどがその字で出てくる。

「足を運ぶ」という言い方は、別に自分の足を運搬するわけではないが、わざわざ出かけて行くことをさし、それ以外の派生的な意味にまでは広がらない。また、「足を伸ばす」という言い方は、文字どおり、曲げている足を真っ直ぐにするという意味にも使うが、予定していた地点よりも遠くまで行くことの象徴的な表現ともなる。足の感覚がなくなるまでに歩き疲れることを「足が棒になる」と言う。誇張した隠喩表現である。

一方、「足」という語はまた、人類の最も手軽な移動手段を意味してよく使われる。まず、「足がある」という言い方は、その部位がきちんと具《そな》わっている、といった文字どおりの意味で使うことはめったにない。通常、野球などのスポーツで、足が速く、それが選手の武器になるという意味合いで用いられる。「足が速い」と書けば、人間や動物の走るスピードを話題にしているが、「足が早い」と書くと、食べ物の腐りやすさをさすこともある。

人間の足に代わる移動手段と考え、電車などの乗り物が事故などで運行が乱れると、それを象徴的に「足が乱れる」ととらえ、通勤手段が断たれると「足を奪われる」と言う。

「足を向けて寝る」という言い方は、寝るときに足がどちらの方角に向くかを問題にしている。足が山や川の方向に向くように寝るのは何の問題もない。だが、同じ部屋の中で上司など目上の人に足を向けて寝るのは失礼にあたる。遠く離れていても、世話になった恩人のいる方角に足が向くような失礼なことはできない、という配慮なのである。

また、記事などを書くにあたり、現地に赴《おもむ》き、関係者の話を聞くなど、実際の取材をもとにして文章に仕上げるような行動的な執筆活動を、別に足の指でペンを握るわけではないが、象徴的に「足で書く」と表現することもある。

上に上がろうとしている人の足を下から引っぱって邪魔することを「足を引っぱる」と言うのは、

事実そのままの表現である。そういう具体的な行動と無関係に、他人の成功を妬んで陰で邪魔をするという行為をさす場合は、象徴的な意味に抽象化した用法だ。

「揚げ足を取る」という言い方は、相撲や柔道などで、技を掛けようとして揚げた相手の足を取って逆に攻めることをさす。そういう基本的な意味から発展し、一般に、他人のちょっとした間違いや失敗につけこんで、その相手を攻め立てる意の象徴表現ともなる。「足並みがそろう」「足並みが乱れる」といった表現も、基本的には何人かの人間の歩調が一致するか否かという問題であるが、比喩的に、多数の人間や団体などの意見や行動などのまとまり具合をさすことも多い。その場合は象徴的な用法となる。

部屋の中がひどく散らかっていると、「足の踏み場もない」という言い方をすることがある。歩くときに足の裏を載せる隙間もないという意味だ。たいていは誇張表現だが、まったく別の事態を象徴的にさす用法にまでは広がっていない。「足が地に着く」の場合、基本的には、ちゃんと地面の上に両足で立つことを意味するが、多く「足が地に着かない」という否定の形で、そわそわしていて落ち着きがない、さらには、行動や考え方が浮《うわ》ついていて安定感がないという意味の象徴表現ともなる。

犯人などの移動経路などが判明すると、足取りがわかるという意味で「足がつく」という言い方をする。また、それまでずるずると泥沼にはまっていたというイメージなのか、悪い仲間などと関係を断つことを「足を抜く」と象徴的に表現し、好ましからざる仕事をやめて、まともな職業に就くことを「足を洗う」と称する。

体をいくら覆い隠しても足が見えるとその存在が他に知れてしまう。そういう発想なのか、隠していた事態が露見すると、「足が出る」「足を出す」という言い方をする。支出が予算を超えて赤字になることをもそう表現するのは、あるいは失態がばれると考えるからかもしれない。

身

ここまで、上半身と下半身、それに手足に関する慣用句をひととおり眺めわたしてみた。身体に関係した慣用句でそれ以外に多いのは「身」に関《かかわ》るものだろう。ところで、「身」とは何だろう。「身」という漢字は、人が身ごもった姿を象《かたど》ったものらしく、「妊娠」の「娠」という字の原字にあたるそうだ。「身」を意味する「み」という和語は、語源的に「実」とつながると言われるから、ある存在の中核をなす部分を意味するのだろう。

「魚の身をほぐす」などと使う場合は、全体のうち、皮や骨の部分を除いた内部の実質をさしている。「体」という語が物としての肉体をイメージさせるのに対し、この「身」という語は生命や精神を含めたとらえ方だとする考えもあるようだが、「身も心も」という言い方では、精神面を除外した、もっぱら肉体面をさすように思われる。「身を売る」女も心までは金銭に換えない。もっとも、「身を任せる」は相手に逆らわず言いなりになることだから、肉体だけでなく生き方まで含む場合もあるのかもしれない。「身につける」という例で、衣服やアクセサリーの場合は肉体面をイメージし、教養や美的感覚であれば精神面をイメージするように、用例によって焦点がずれたり広がったりするのだろう。

「身も細る」は痩せることを意味するから、「身」は当然、肉体的な面をさす。「身を切られる」思いも同様だ。つらい思いや大変な苦労に対する「身を削る」思いもその延長上にある。「身を粉《こ》にして働く」という表現も、それをさらに誇張した表現なのだろう。

薬が目にしみたり傷口にしみたりする肉体的な痛みについて「身にしみる」とは言わない。親の意見や友人の忠告などが心の深くまで届くといった、むしろ心理的な効果を意味する。仕事に「身を入れる」や「身が入る」という言い方も、腕力ではなく、一所懸命にやろうとする精神的な打ち込み方を象徴する表現である。

「身がもたない」という表現は、体力が続かないという意味で使う例が多いが、財力が続かない場合にも使えそうな気がする。「身を持ち崩す」という表現も、生活面でのだらしなさで不健康になるだけではなく、もう暮らしが成り立たないことを含意するように思う。「身を誤る」はむしろ、生き方がまともでないというほうに重点がある。

「身の振り方」ということばは、体の動かし方という物理的な運動とは無関係で、今後の自分の生活の在り方という抽象的な意味を象徴する表現である。「身を起こす」は具体的に体を起こして立ち上がることをさすが、出世するという意味合いの象徴的な表現ともなる。「身を立てる」となると、その仕事を生活の手段とするという意味と、社会に出て成功するという意味とがあるが、いずれにしてもその場合の「身」は肉体だけではない人間そのものをイメージしているだろう。

その逆に近い「身を落とす」「身を沈める」という表現もふつうは肉体的動作ではなく、前者は、身分や地位や生活程度などが低くなる、後者はさらにひどく、落ちぶれた暮らしになる、女の場合は身売りすることを含意する意味合いとなるようだが、ここでも「身」という語は肉体だけでなく、人格を含めたまるごとの人間をさしている。

「身を寄せる」は、他人の家に同居して世話になる、すなわち寄寓《きぐう》するという意味であり、中心は身体が相手側に近づくことをさすが、必ずしも精神的に寄りかかるところまでの含意はなさそうだ。「身をやつす」はどうだろう。関連する「やつれる」という動詞は、病気や貧乏暮らしでみっともないほど体が瘦せることだが、意図的に「やつす」場合は、自分本来の姿とは違う、多くはみじめな姿に見えるようにすることだから、変装なども含まれる。いずれにせよ、この場合も精神的な部分までは問題にしていない。

「身を固める」という言い方も、きちんとした服装をして一人前の人物に見えるようにするという意味であり、古く結婚して家を構えることをさしたのもその一部である。当然のこととして精神的にも独立することを含むだろう。「身の置き所がない」という言い方は、他人の顔を見るのがつらく、自分の居場所がないという意味だが、面目なくてどこにいても落ち着かないといった心理面に重点がある。

「身を任せる」という表現は、相手に逆らわずその意のままになるという意味だから、これもその内容に女性が男性の言いなりになることも含まれる。「身をゆだねる」でもほぼ同様だが、この場合は相手が人間以外にも及び、ハンモックやヨットなどで揺れるままにしておくことなども含まれる感じがある。

骨

人体に関する慣用句の最後に、肉体の中心をなし、精神的な支柱ともなるバックボーンとして、勘どころをも意味する「骨」の慣用句を拾い上げよう。そこが壺である。

まず、前項との関係では「骨身」という語があり、骨と肉とで体全体を意味する。「骨身を惜しまない」という慣用表現は、体をなげうって事にあたる、苦労を厭《いと》わないという意味で使われる。また、「骨身にしみる」という表現は、有り難さや苦しみなどが体全体に行きわたるほど深く感じられるという意味の慣用句になる。

「骨に刻む」という表現は中国の古典から出た言いまわしらしい。体の肉の奥にある骨に印をつけて忘れないようにするということから、深く記憶するという意味の象徴となる。

困難な仕事に取り組んで非常に苦労することを象徴的に表現した慣用句に「骨を折る」や「骨が折れる」というのがある。そういう仕事の途中で一息入れて深く積み重なった疲労を癒すことを象徴するのが「骨を休める」という関係になる。

慣用句ではないが、人体のイメージを他に広げる比喩的な語として「骨組み」「骨太」「骨抜き」といったことばが使われる。「骨組み」は体の骨の構造、すなわち「骨格」を表すが、建築物の基礎構造という意味にまで広がり、さらに物事の構成一般をさす比喩的用法もある。「骨太」もそういう体格の意味から、おおよその方針・計画をさす用法にまで広がり、「骨抜き」という語も、最も重要な部分が欠落している状態の象徴的表現にまで拡大した。

魚料理を食う際に、魚肉だけでは満足せず、身の付いていない骨まで口の中で嘗《な》めまわすように喩えて、「骨までしゃぶる」を、あくまで利益をむさぼることの象徴表現とする。とことん、徹底的にという意味で「骨の髄まで」と言うことがある。「髄」は骨の中心にある脂肪状の組織をさすから、体の中心を通る骨の、そのまた中枢に至るまでという意味になる。

「骨を埋《うず》める」という表現は基本的に、人の遺骨を墓に埋葬するという意味を表す。生きている人間が、そうなる時まで自分はこの土地に住み続けるという決意表明をする際の表現として象徴的に用いることもある。

「骨を拾う」という表現も、基本的には、火葬にした遺骨を拾って骨壷に納めるという行為をさしている。そこから、死者の後始末をするという意味に広がり、さらに、完成する前に無念にも命が尽きた死者の遺志を引き継いで努力するというところまで含意する用法に発展しているように思われる。

第二章　イメージに描く慣用表現

愛嬌がこぼれる

第一章で、日本語の慣用句に、五感に訴える表現がいかに多いかを、体ことばの身体部位別に人体の上から順に眺めてみた。次にこの第二章では、それ以外でも、可能な限り具体映像で感覚に響かせようとする比喩的・象徴的な慣用表現がいかに豊富であるかを探るため、表現の核となる語の五十音順に、それぞれの成り立ちを調べてみよう。

顔つきやようすやしぐさなどに、親しみや可愛らしさが自然に感じられるようすを「愛嬌《あいきょう》」と言う。それが外にはっきり現れると、よく「愛嬌がこぼれる」という言い方をする。「こぼれる」という動詞は通常、水などの液体や砂や塩などの細かい粒状のものが外に溢《あふ》れ出る際に使う。つまり、「愛嬌」を水や砂のような具体物として映像化した表現である。

また、その語は、相手を喜ばせたり楽しませたりするためのちょっとしたサービスという意味合いでも使い、その場合はしばしば「愛嬌を振り撒《ま》く」という言い方をする。この「振り撒く」という動詞は、やはり水などの液体や、砂のような粒のごく細かいものを、そのあたり一面に撒き散らす場合に用いる。埃《ほこり》を鎮めるために店の前に水を撒いたり、力士が浄《きよ》めるために土俵上に塩を撒いたりするイメージが浮かぶ。この場合も、愛嬌という抽象的な存在を、水や砂のような具体物としてとらえ、映像化してみせた表現だと考えられる。

「青くなる」という表現の基本的な意味は、色が青に変化することであり、空や海などを対象に、実際にそういう色彩の変化を表すことが多い。一方、この表現はまったく違う意味でも使われる。血の気が引いて顔が蒼白《あおじろ》くなる現象をさし、ひどく怖れる気持ちの象徴的な表現ともなる。つまり、人の感情という目に見えない対象を、色彩という感覚的な存在から推測させようとする比喩的な間接表現であり、もっぱらその心理をさして、その人間の現実の顔の色彩とは無関係に用いることもできる。

ブルーとグリーンとを明確に区別せず、大まかに「青」ととらえてきた日本人は、「青紫蘇《あおじそ》」「青菜」「青葉」「青物」「青柳《あおやぎ》」とためらわずに呼んでいる。「青信号」も多くはそれに近い色のようだ。同様に、稲がまだ黄色く実りきらず緑がかって青々と見える田を、日本語では「青田」と呼んでいる。稲の実る前にその田の収穫高を予測して先買いすることを「青田買い」と呼ぶ。そこまでは「青田」という語に実質的な意味が残っているが、企業が人材確保の目的で、まだ卒業の見込みの立たない時期に学生や生徒の採用を決定してしまうことをも、比喩的にそう呼ぶ社会の慣習がある。そういう用法では、抽象的な対象を映像化した表現と見られる。「青田刈り」と呼んでも、目に浮かぶイメージは多少修正されるものの、表現構造としては同様である。

まだ熟していない瓢箪《ひょうたん》を「青瓢箪」と言うのは、「ふくべ」とも「ひさご」とも呼ばれるウリ科の植物そのものだが、痩せて顔色の悪い人をあざけるときにも使う。誇張した比喩だが、それによってイメージが湧き、ことばでくどくど説明するよりも想像しやすい。

皮膚の表面に脂や埃などが付着した汚れを「垢《あか》」と呼ぶ。「垢擦り」で落とすのはそれだが、「浮世の垢」などと世俗的な汚れを意味する抽象化した用法もある。農作業などの土の汚れを連想するのか、田舎くさい野暮な感じが消えることを「垢抜ける」と称する。都会風に洗練されることをさし、芸などが玄人じみる意味でも使う。「垢抜けた身なり」「垢抜けたセンス」などといった表現も、長々と解説を加えるよりイメージが浮かび、感覚的に理解しやすいのだろう。

膝を崩して広げ脚を前に組んでくつろいだ恰好《かっこう》で坐ることを「あぐらをかく」と言う。楽な姿勢であるところから、自分では何の努力もせずに、いい気になって暢気《のんき》に構えている態度を象徴する表現ともなる。これも下手な説明より感覚的にわかりやすい。

「朝飯前」はもちろん朝食をとる前の時間帯をさすのが字義どおりの意味だが、食事とは無関係に、そんな腹の減ったときでも容易にこなせるごく簡単な仕事だという意味にも使われる。これも、「きわめて簡単な」という説明より感覚に響くようだ。

舌が飲食物に接触した際に生じる味覚神経の感覚を「味」と称している。その折に感じる「旨《うま》み」という味覚が感覚の枠を超えて、体験してこそわかる物事の面白さや趣というあたりまで広がると、「苦労の味を知らない」とか、「この作品には得も言われぬ味がある」とかといった使い方に広がる。そういう味わいを感じさせるのが「味が出る」という表現であり、そういう趣をまるで感じさせないのが「味も素っ気もない」という表現である。抽象的な概念を味覚に置き換えた象徴表現であり、感覚に訴えて理解させる。一度食べて松茸《まつたけ》や鮑《あわび》の味を知ってしまうと、また食いたくなるように、一度の体験がたまたまうまく運ぶと、その旨味が忘れられず、何度でもくり返したくなる心理を、「味を占める」という慣用句で象徴的に表現する。また、面白みのある気の利いたというニュアンスを用いて、「味な作品」とか「味なことを言う」とかと、「味をやる」言い方にも広がった。

お灸を据える

気温が高くて暑いときや運動をしたあとなどに、顔や体の表面に分泌される塩分を含む液体を「汗」と呼ぶ。温度差などにより物の表面に生ずる水滴をも比喩的にそう言うこともある。「額に汗して働く」という表現もあるように、肉体労働ではよく「汗をかく」。そこから、現実には汗が出なくても、何かのためにみずから実際に働くことを象徴的に「汗をかく」と表現することもある。

熱せられて温度が著しく高いことを「熱い」と言うのは文字どおりの表現だが、温度計で測定できない情熱についても用いることがある。思わず興奮したり何かに熱中したりすることも「熱くなる」と言う。「お熱い仲」もその一例だ。温度感覚で伝える表現である。

「穴があく」のも、地面や壁や衣類などなら文字どおりの表現だが、俳優が休んで舞台に「穴があく」とか、商売に失敗して帳簿に「穴をあける」とかというような象徴的な用法もある。抽象的な事態でも「穴があく」と視覚化すると感覚的にすぐわかる。

魚などが肉の部分に脂分が増して食べごろになると、「脂が乗る」という言い方をする。実際の脂肪分とは無関係に、成熟して最も高い能力を発揮できる時期を比喩的にそう表現する象徴的な用法もある。また、昔の油売りが油を器に移す間に無駄話をして時間をつぶすことが多かったことから、仕事の途中で怠けることを「油を売る」と間接的に表現してきた。視覚的なイメージが結べば具体的に納得できるだろう。「油を搾る」という表現はもともと、締め木などで油を搾り取ることを意味したが、「上司にさんざん油を搾られた」などと、過失などを厳しく責め立てるという象徴的な意味合いでよく使われる。

「天下り」はもともと天上界から地上に降り立つことを意味したはずだが、現在ではすぐに、高級官僚が関係官庁と縁のある企業などに幹部として再就職するイメージが浮かんでくる。そのため悪いイメージがしみこんだ表現になっている。

「網を張る」も本来は、魚や鳥などを捕獲する目的であらかじめ網を仕掛けておくことをさすが、前もって手配し準備をして、狙う人間などを待ち構えるという象徴的意味で使う例も多い。細かく説明されなくても視覚的にぱっとわかる。

「息の根を止める」という表現は文字どおり、息ができないようにして相手の生命を断つという意味であるが、今ではそういう殺人の意味より、徹底的にやっつけて二度と立ち上がれないようにするという程度の意味合いの象徴的な用法のほうがよく見られる。

「痛い目に遭う」という表現も、ひどく殴られたりして自分で実際に痛いと思う体験をするというのがもともとの意味だが、今はそういう肉体的な痛みより、弱点につけこまれたり大失敗をしでかしたりして、自分側に実害が出るという意味の象徴的な表現としてよく使われる。「一寸先は闇」ということばがある。尺貫法の「一寸」はメートル法で約三センチ、ほんのちょっとの長さだ。つまり、目から三センチも離れると、もう一面の闇で何も見えないという意味である。これが時間的に使われると、「人生、一寸先は闇」、いつ何が起こるかわからないといった喩えとなる。

「一杯食う」のも蟹《かに》や天丼ならいいが、「まんまと一杯食わされる」という表現は、うまく騙《だま》されることの象徴表現となる。「糸を引く」のも納豆なら、粘り気が出て糸状のものが長く伸びるというだけの意味だが、陰で糸を引っぱって人形を動かす操り人形のイメージとなると、自分は表面に出ないで裏で意のままに動かす陰謀のような連想が働く。

「命」という語が生き物の生命をさす限り、文字どおりの意味で「命の洗濯」ということは不可能だ。汚れを洗い落としてさっぱりとするように、気晴らしをして日頃の苦労から解放され、のんびりと過ごすという意味を象徴させた比喩的な表現である。

「水を得た魚のよう」という喩えがある。キーワードを「魚」と考えて、ここで扱おう。この慣用句は、水の中でこそ魚は生き生きと活動できるということから、その人間が自分にふさわしい環境を得て自由自在に活動するようすを表す。

もぐさを患部の肌の上に置いて焼き、その熱で病気を改善する漢方の療法を「灸《きゅう》」と称する。通常は治療の目的だが、いたずらの過ぎる子供に対する罰として尻などに据えることもあったらしい。そこから、厳しく戒めることをも比喩的に「お灸を据える」と表現するようになったようだ。単にひどく叱られたと言うよりも、そのつらさが感覚的にわかる。

入口から遠い場所、深く入り込んだ地点などをさす「奥」という語は、基本的に空間的な位置関係を意味するが、それを抽象的な意味合いで象徴的に用いることもある。「胸の奥」「心の奥」などではすでに物理的な距離の問題ではなくなっている。なかなか到達することのできない学問や芸などの深さをさす用法もある。「奥が深い」というのはそういう象徴的な表現である。

「お茶を挽く」は基本的に、茶葉を細かく砕くことをさす。昔、客がつかずに閑《ひま》な遊女がその時間に茶臼を挽いたところから、単に客がなくて暇なことをさすようになったという。「尾を引く」はもともと、尻尾を下に擦りながら進むことをさすようだ。そこから、尻尾に限らず、流れ星のように、後ろに長く伸びるという空間的な意味に広がり、さらに、それが時間的な長さに波及し、「事件が尾を引く」というふうに、後々まで影響が残るというような意味でも使うようになった。ここでも尻尾のイメージは感覚的に理解しやすい。

壁にぶつかる

光をさえぎった部分の形が後ろに浮かび上がる現象や、光の反射によって水やガラスの面などに映って見える姿を「影」と呼ぶ。「影が薄い」という表現は、映像が薄くて姿がはっきり見えないというのが基本的な意味だが、そのために姿や形が印象に残りにくいところから、勢いが弱く存在感が薄いという意味に波及し、「影をひそめる」という形になると、人目につかなくなり、存在しないも同然となるという意味を象徴する。

操作して船や航空機の方向を変える装置を「舵《かじ》」と呼んでいる。したがって、「舵を取る」はその乗物の方向を操るという意味になる。そこから、乗物に限らず、会や企業や国や地方自治体など、組織や団体の方針を決める意に広がり、単に運営するという意味合いを象徴する用法も見られるようになった。それに伴って、向きを転ずる、方向転換するという意味の「舵を切る」という言い方も、会社や国家などの方針を変更するという意味合いでも使われるようになっている。

空気の流れを意味する「風」。向かい風に逆らって、勢いよく突き進むことを比喩的に「風を切る」と表現する。いろいろなことが偶然に起こることを、自然になじんできた日本人は「風の吹き回し」、つまり、人間には予測のできない自然現象としてとらえてきた。事の成りゆきや展開は状況次第でさまざまに変わるということを「風」に喩えて表現するのもその一例である。急に風が激しく吹き出すと「風が起こる」と言うが、選挙の際などに話題や人気が高まって民衆や社会を動かす現象が生じることを「風を起こす」と言うこともある。そういう風潮の影響でいつも以上の結果が出る現象を「風に乗る」と表現し、そういう一時的な現象が下火になると、「風が収まる」とあくまで自然現象になぞらえる。

信用のできる堅実な人物を「堅い人」と評するのも、体は柔軟でも言えるから象徴的な表現と見られる。息をこらすときに口の中に出る唾を「固唾《かたず》」と言う。ひどく緊張しながら事の成りゆきを見守ることを「固唾を呑《の》む」と言うこともある。現実の唾とは無関係に使うから、目に見えない心理を、五感で感じられる生理にとらえ直した表現である。

昔の駕籠《かご》や棺桶《かんおけ》を二人で担ぐ際に、その片方を肩に載せて一緒に行動することを「片棒を担ぐ」と称した。そこから、実際に力作業をこなさなくても、相手と組んで仕事をする協力者となることを広くさすように意味が広がった。さらに、悪事に加担するようなニュアンスを含む例もある。「協力」や「共謀」より具体的なイメージで感覚に訴える。

物の尖って外に突き出た部分を「角《かど》」と呼ぶ。ぶつかると痛いところから、とげとげしくきついという意味の象徴表現ともなる。その反対に、人間が円熟してあたりがやわらかくなるのが「角が取れる」である。

障害物があってその先に進めないことを「壁に突き当たる」「壁にぶつかる」と言う。物理的な障害だけでなく、何かが邪魔になって物事の進行が妨げられる場合に広く使われるようになり、スポーツ選手の技の進歩が途中でとまったり、事業計画が一時的に頓挫したりした場合にも、象徴的表現として使用される。その状態を技で脱するのが「壁を乗り越える」だとすれば、力で突破するのが「壁を突き破る」という感じだろう。実際に障害物を破壊して進行する場合に限らず、妨げている事態をうまく処理して、当初の計画どおり事を進める場合にも、そのことばで象徴的に表す。イメージで五感に訴える表現である。

「雷が落ちる」は雷雲と地表との間に生ずる放電現象である「落雷」そのものをさすのが基本的な意味だが、その折の音響の連想から、「社長の雷が落ちる」などと、目上の人物からひどく叱られる場合などにも象徴的に用いられる。何かというとすぐに怒鳴りつける父親を「雷親父《かみなりおやじ》」と呼ぶのもそういう発想である。単に「よく怒鳴る」などと説明するより、感覚的に理解しやすい。

宣伝や広告などを書いて、商店や劇場などの正面や人目につく場所に掲げる板を「看板」と呼ぶ。その看板が本体を代表するところから、店の「看板娘」とか「看板商品」とかと呼ぶ象徴的な用法に広がり、近年はさらに「看板政策」などという使い方も見かける。

「くちばしが黄色い」という表現は、ひなのくちばしが黄色であることから、年が若くて未熟なという意味の比喩として使われる。子供や若い女の甲高い声を「黄色い声」と言うのも、そういう連想が働くのかもしれない。すぐに目に飛び込んで来る派手な色調というあたりも、神経を刺激しやすい音調に通い、聴覚を視覚で形容した象徴表現となる。

電車の線路を「軌道」と言う。「軌道に乗る」と乗り物は安定して進行する。目に見えなくても、それになぞらえて天体の運行する経路をそう呼ぶこともある。さらに、事業などが計画どおり順調に進展することをも象徴的に「軌道に乗る」と表現し、うまく進まないと「軌道修正」を迫られる。

大気中の水蒸気が細かい水の粒となって煙のように見えるのを「霧」と呼ぶ。霧がたちこめると周囲がよく見えなくなる。そのため、見通しの利かない「霧の中」に喩えて、先の見通しの立たない状態をも象徴的にそう呼ぶ。抽象的な事柄を視覚化した表現だ。

犬が泥棒の脚に噛《か》みついたり、鯉《こい》が餌に食いついたりすることから、人が儲《もう》け話に喜んで飛びつくような場合にも、この「食いつく」を用いて映像化する例もある。食うのに適さない物は文字どおり「食えない」が、食料品以外にもこの語を使うことがある。悪賢くて油断のできない人間、どうにも扱いに困る相手についても、「食えない奴」などと言う。

物に釘を打ちつけることを「釘を刺す」とも言うが、あとあと誤解や問題が生じないよう念を押す意味でもその表現を使う。また、物を割るために打ち込んだり、物のつなぎ目が離れないよう両者にまたがって打ったりする木や鉄を「楔《くさび》」と呼ぶ。この語を象徴的に用いる場合も、敵の勢力を分断する意味と、相手の勢力範囲の中に、将来自分の勢力を広げる手がかりを用意しておく意味との二つに分かれる。

相撲で勝負がきまると、行司が勝ち力士の方に「軍配を上げる」。そこから象徴的に、争いごとなどで勝つことを意味する用法に広がった。目に見えるような表現だ。

体の内部にあって理性や感情の働きをつかさどると考えられてきた「心」。その「心にしみる」という表現で、深く感じる意を、「心にとどめる」という表現で、よく覚えておく意を表す。また、

「心に任せる」で思いどおりに事を運ぶ意を、「心に任せぬ」で自分の思いどおりにならない意を表してきた。

「転がり込む」は文字どおりには、ボールなどが地面を回転しながら内部に入り込むという意味だが、「大金が転がり込む」のように、思いがけないものが手に入ることや、「金に困って知人の家に転がり込む」というように、他人の家にやっかいになることなどを象徴的に表現する用法もある。家の中にボールが転がり込むというイメージがよぎるだろう。「転んでもただは起きない」という言い方も、基本的には転んだ人間が起き上がるついでに落とし物の財布などを拾って立ち上がるような意味だが、たとい失敗してもそこから何か自分の得になることを見つけようとするような欲の深いことの象徴表現ともなる。

匙を投げる

金銭を入れて持ち歩くための袋状の入れ物を「財布」と呼ぶ。昔は袋に紐《ひも》が付いている形が多かったため、金を出し入れする権限を持つことを「財布の紐を握る」と表現した。万事節約を旨《むね》としてなかなか金を出したがらない場合は「財布の紐が堅い」、逆に、無駄を厭《いと》わず金を遣う場合は「財布の紐を緩める」、所持金をすべて使いきることを「財布の底をはたく」という言い方をした。

どれも情景が目に見えるような表現となっている。

「匙《さじ》を投げる」と言うと、現代人は洋食の際に癇癪《かんしゃく》を起こす場面を思い浮かべやすいが、この「匙」は「匙加減」と同様、薬を調合する道具をさし、この病人は薬をどう調合しても助かる見込みがないと判断して薬品の調合を断念する、つまり見放すことを意味する。

伝統的な和風建築の昔は、その家を訪問することを「敷居をまたぐ」という一つの動作で象徴的に表した。「敷居が高い」という表現も、その家では敷居を特別に高く造ってあるわけではない。敷居がやたらに高いと客がまたぎにくいところから、不義理をしてしまい、どうも訪問しにくいという心理を、物理的に象徴してみせた表現である。

筋肉の一部が凝って硬くなることを「しこり」と称している。これは肉体のしこりだが、相手との間にもめごとが生じ、あとまで気持ちのわだかまりが消えずに残るという心理的な状態を表すのに、象徴的にそういう言い方をする例も少なくない。

「姿勢を正す」という表現は基本的に、あぐらをかいた楽な姿勢から、きちんと正座して背中を真っ直ぐに保つ改まった姿勢をとる体の動きをさしている。そこから、物事に対する態度や考え方をきちんとするといった精神的な在り方をさす場合にも象徴的に使われるように意味範囲が広がった。

「尻尾」はもちろん動物の尾のことだが、犬などの習性からの連想で人間の態度や行動を比喩的に表現することもある。上位者に取り入ることを「尻尾を振る」と言い、降参して逃げることを

「尻尾を巻く」と言うのはそういう表現にあたる。また、悪事やごまかしなどが露見することを「尻尾を出す」、相手の悪事などを暴く手がかりを得ることを「尻尾を摑《つか》む」と比喩的・象徴的に表現する慣用も定着した。

「死に体」といっても「死体」のことではない。相撲で、取り組んでいる途中に一方の力士の体勢が大きく崩れ、自力では立て直せないと判断された場合、それを「死に体」と称する。これは専門語に近いが、それを立ち直る力のなくなった内閣や企業や団体などを評する比喩として用いる例も散見する。

刀の刃と峰の間にある小高く盛り上がった線状の部分を「鎬《しのぎ》」と言う。刀剣を激しくぶつけ合いながら斬り合いを演ずると、その部分が少し剝がれ落ちることもある。「鎬を削る」という表現はもともとそういう物理的な現象をさしたが、今では現実にそんな決闘もめったになく、「しのぎ」が何であるかもほとんど意識にのぼらない。そのため、力量の接近した者どうしが同じ目標に向かって激しい争いを展開するという意味に使う象徴表現と化した。

「芝居」という語は歌舞伎などの伝統的な劇をさして使われてきたが、広く演劇一般を意味することもある。「芝居がうまい」のように演技をさす用法もある。上演する劇の筋や台詞《せりふ》の内容は原則として脚本・台本に記したものであり、事実そのものではない。そのため、「芝居」という語が相手を騙《だま》すための偽りの行為をさす象徴的表現ともなるから油断はできない。「芝居がうまい」と言われても喜んでばかりもいられないのである。

体の一部の感覚が一時的に麻痺《まひ》する現象を「しびれる」と言う。そういう肉体の感覚ではなく、強い刺激を受けて陶酔状態に陥るという精神的な現象をさす象徴的表現ともなる。また、長い時間同じ姿勢で正座を続けると足がしびれてくる。そういう肉体的な現象を「痺《しび》れを切らす」と言うが、この表現も、脚の痺れとは無関係に、待ちくたびれていらいらするという精神的な状態をさすこともある。触覚的な記憶から感覚的にわかりやすい。

渋柿を食べたときのように舌がしびれるような感じを「渋い」と言う。味覚とは関係なく、不満な折にそういう表情を浮かべると、やはり「渋い顔」と表現する。けちで金品を出し惜しむことを「渋い」と言うのも、金をいやいや払う際の表情とつながるのだろうか。一方、「渋い衣装」「渋い演技」のように、地味で落ち着いた深い味わいをさす、むしろプラスイメージとなる象徴的な表現もある。

穴や海のようなくぼんだものの最下部、容器の場合は外側の下の面を含めて「底」と言う。これが基本的な用法だが、「心の底」のように、物理的な窪《くぼ》みに関係なく、奥深いところをさすこともある。そのため、「底が浅い」という表現が内容に深みがないという意味になることもある。「底が知れる」はその人間や作品などにさほど深みを感じないという意味になりやすく、逆に「底が知れない」という表現は外から推測できないほど奥深さを感じさせるという意味合いになる。また、「底抜け」という語は、底というものが存在しないと思われるほど、どこまでも、といった意味合いで、「底抜けの大酒呑《おおざけの》み」「底抜けに明るい」などと使われる。

木の枠の中に、軸に通した珠を並べてある、昔よく使った計算器具を「算盤《そろばん》」と称した。基本的にはその器具自体をさすが、計算用具だけに「勘定」という意味にも使われ、「算盤高い」は「勘定高い」、つまり、いつも損得のことが頭から離れないことをさす。「算盤をはじく」という表現も、算盤で計算するという意味から、損得勘定をする意味にも広がった。また、「算盤が合う」という表現も、算盤で計算した結果が正確だという意味から、採算が取れる、利益があるという意味を象徴的に表す用法に広がっている。

箍が弛む

大形の判子《はんこ》を「太鼓判」と言う。大きくても小さくても印鑑だから効力は同じはずだが、大きな判がでかでかと捺《お》してあると、それだけ信用できる感じが強まるのが人情だろう。そこから、「太鼓判を捺す」という表現が単なる捺印行為を超えて、絶対に確実だと保障する意味の象徴的表現となる。

立っていた屛風《びょうぶ》などが急に傾いて横になる変化を「倒れる」と表現する。人間もばたんと倒れるだけでなく、それまでの機能が正常に果たせなくなると、「病気で倒れる」と言い、「凶弾に倒れる」などと一命を落とす意味でも使う。さらに、人命と無関係に、会社や店などが倒産する意味でも象徴的に使うように用法が拡大している。これらもイメージでわかりやすい。

周囲を気にせずに安心して大きな鼾《いびき》をかきながらぐっすり寝ると疲れがとれる。それが自然な「高いびき」だが、かすかな鼾であっても、あるいは寝息だけであっても、物理的な音響に関係なく、安心して眠ること自体をそういう表現で象徴する用法もある。「高枕」という語も、昔、結った日本髪が崩れないように高さを高くして造った枕をさしたが、これもぐっすり安眠するという意味の象徴表現となる。

桶《おけ》や樽《たる》の周囲にはめて締める竹などの輪を「たが」と言う。弛《ゆる》むと隙間ができるのできつく締める必要がある。そこから比喩的に、高齢に達して能力の衰えが目立ち始めたり、緊張感が弛んで個人や組織などがだらけてきたりすることを象徴的に「箍《たが》が弛む」と表現する用法も多い。

高い山に咲く花は手折《たお》って手もとで観賞するわけにいかないことから、遠くから眺めるだけで決して自分の所有にすることの叶わぬ対象をさす「高根の花」という象徴表現が使われている。

伝統的に和室に敷き詰めてきた「畳」を用いた慣用句もあるが、洋間が増えるにつれてそのことばもあまり見かけなくなった。水に入らずに畳の上で泳ぎ方をいくら練習しても効果がないように、理屈だけでは役に立たないことを「畳の上の水練」と称した。日本間の珍しくなった現代でも、「畳の上で死にたい」という言い方は時折まだ耳にする。意味としては洋室も和室も関係なく、事故死などではなく自分の家で最期を迎えたいという意味だからだろう。このように「畳」はわが家の象徴として機能している。

「立つ瀬がない」という言い方をすることがある。「瀬」は川などの歩いて渡れる程度の浅い場所をさすから、「立つ瀬がない」は立っていられる所がないというのが基本的な意味だろう。そこから、自分の立場がない、面目を失うという意味の象徴的な表現に広がった。

縦になっているものを横にするだけならすぐできそうだが、そんなごく簡単なことも自分でやろうとしないほどに怠惰なようすの象徴として「縦のものを横にもしない」という表現が使われる。

「卵」といえば鶏卵が代表的だが、鶉《うずら》の卵や魚卵も食卓に登場する。一般的には、鳥や魚や虫などの雌が産み、孵《かえ》れば雛《ひな》や子となるものを「卵」と呼んでいる。女なら人間にも「卵子」があり「排卵」も起こる。「たまご」はまだ一人前に成長していない階段と考え、「医者の卵」「学者の卵」などと象徴的な意味で用いることがある。

「溜《た》め息」はがっかりしたり、悩んだり、ひどく感心したりした際に、思わず吐き出す長い息のことである。そのため、「溜め息が出る」という表現は基本的にそういう生理的な現象をさすが、失望や感嘆という心理面を象徴する表現としても使われる。

「地に落ちる」という表現は基本的に、上方から地面に落下するという物理的な現象をさすが、「人情も地に落ちたものだ」というふうに、卑しくなる、堕落するという抽象的な意味合いでも使われ、その場合はしばしば「堕ちる」と表記する。「つぶれる」も基本的に、外力が加わって形が壊れるという物理的な現象をさすが、「目がつぶれる」として、機能が失われることを、「店がつぶれる」として、破産・倒産を、また、「時間がつぶれる」として、無駄に費やされることを意味するなど、抽象的な事実の象徴表現としても使われる。

「砂糖壺《つぼ》」のような、口が狭く胴のふくらんだ容器の「壺」を意味する語は、「滝壺」のように、深くて狭い窪《くぼ》みを表すこともあり、指圧や鍼灸《しんきゅう》のつぼのように、特に効き目のある体の急所の部分を意味する用法もある。ここまでは具体的な物体や場所をさすが、この語はさらに、「つぼを会得する」「つぼにはまる」というふうに、物事の勘どころという抽象的な意味を象徴的に表す用法にまで広がっている。

「手玉に取る」という表現も、お手玉という昔の子供の遊びという目に見える動きの連想から、相手を自由に操って翻弄するといった抽象的な意味の用法に広がった。「天狗《てんぐ》」は神秘的な力を持つ想像上の妖怪だが、赤い鼻の部分が異様に高く描かれるところから、うぬぼれて自慢げにふるまうことを「鼻が高い」と表現するように、比喩的に「天狗になる」とも言う。得意げにふるまうのをあれこれ説明するより、この表現はぱっと目に浮かぶ。

「灯台下《もと》暗し」の「灯台」は、岬に立つあの燈台ではなく、油を入れた皿を載せてともしびをともす昔の灯明台《とうみょうだい》のことである。台のすぐ近くの下のあたりが暗がりになるところから、身近なことは案外気づきにくいという意味の比喩的な象徴となっている。

「とどめを刺す」という表現はもともと、人を殺す際に、確実に死ぬように咽喉《のど》に刃を突き刺して息の根を止める行為をさした。そこから、のちのち問題が生じないよう、物事を最後まで念入りに処理するということの象徴的な表現に広がり、今ではほとんどがそういう意味合いで使われる。

「土俵際」という語は、相撲の土俵の内側でもうすぐ外に出るぎりぎりの場所を意味する。そういう場所の意味から比喩的に、物事の決着する直前、瀬戸際という状況をさすように象徴化してきた。

船に乗って漂流しているときに島影が見えると心細さがいくらかやわらぐだろう。「とりつく島もない」という表現は、頼りになるような手がかりが何もなく、どうしようもないという状態を比喩的に映像化してみせたものだろう。夏の虫が習性に従って明るい場所を目がけて近づき、ともしびの中に飛び込んで死んでしまうことを「飛んで火に入る夏の虫」と言う。そんなふうに自ら進んで危険な目に遭う人の行動を喩える表現として使われる。

ねじを巻く

風の力などによって連続的に生ずる水面の起伏を「波」と呼んでいる。そういう物理的な運動と無関係に、そういう高低の変化というイメージを借りて、成績が上がったり下がったりして安定しない場合にも「波がある」という表現をする。また、海で波に乗ると自分の力をあまり使わずに楽に遠くまで進むという現象になぞらえて、調子のよい状態が続いて勢いづく場合にも比喩的に「波に乗る」と表現する。また、世の中の風潮や流行を巧みに利用して人気が出るような現象についても、この表現を用いる。

「荷が重い」という言い方は、持ったり担いだりしている荷物の重量が大きすぎて自分の力では運べないというのが基本的な意味である。物の重さという物理的な意味を離れて、課せられた任務や責任が大き過ぎて自分の能力では果たせないといった精神的あるいは抽象的な意味合いを象徴する表現としても使われる。

「包帯に血がにじむ」とか、「雨に濡れて封筒の文字がにじむ」とか、内側から浸《し》みだした液体が布や紙の表面にうっすらと広がる現象を「にじむ」という動詞で表す。汗や涙が「にじむ」のもそういう例と見られる。ところが、液体でもないのに、表情に苦悩の色が「にじみ出る」とか、文章にその人柄が「にじみ出る」とかというふうに、単に、おのずと現れる意に使う用法も見られる。これもまた、心理面を感覚的に表現する例だろう。

「煮ても焼いても食えない」という表現も基本的に、ある食材をどう調理しても人間の口に合うような味が出せない、料理のしようがなく、お手上げだ、という意味を表すが、「煮ても焼いても食えない奴だ」というふうに、人肉ではない人物や人柄を評する使い方もある。老獪《ろうかい》で狡猾《こうかつ》でどうにも手に負えず持て余すという相手を評することばだ。調理の過程をすっとばしていきなり、扱いに困る、お手上げだという結果だけに注目した比喩的な象徴表現である。「煮ても焼いても」とイメージをかきたてて五感に響かせるのが日本語らしい特徴なのだろう。

玄米を精白する際に出てくる外皮などの粉を「糠《ぬか》」と呼んでいる。非常に細かいところから「ぬか雨」と比喩的に表現することもある。「小糠」または「粉糠」と書く「こぬか雨」もこの雨である。また、見るからに頼りない感じがするため、「ぬか喜び」のように、はかない、むなしいという意味合いを表す比喩表現にもなる。「糠に釘」という喩えも、まったく手応えのないようすを誇張した慣用句で、「豆腐にかすがい」という喩えと同様の意味合いで使われる。

螺旋《らせん》状の溝が刻んである、物を締め付ける用具を「ねじ」と言う。時計などのぜんまいを巻く装置もそう呼んだ。ここが緩むと全体の締まり方があまくなる。そこから比喩的に、緊張感がなくなってだらしのない状態になることを「ねじが緩む」と言い、だらけた気分を引き締めることを「ねじを巻く」と象徴的に表現する。

「愛情」が「熱情」となり、「出演」が「熱演」となると、それに打ち込む熱意が違ってくる。「希望」と「熱望」とでは、当人が熱くなっている度合いが違う。「熱が出る」のは病気かもしれないが、仕事に「熱が入る」のは当人がその対象に「熱を込める」からである。「熱を上げる」のはそこに意識を集中させてひたむきになることであり、さらに夢中になって我を忘れるのが「熱に浮かされる」状態だ。逆に関心が薄れると「熱が冷める」と言う。

客をタクシーに「乗せる」ような基本的な意味から、事業を軌道に「乗せる」といった派生的な用法に広がり、リズムに「乗せる」といった調子を合わせる意味合いに発展した。さらには計略に「乗せる」というように、相手を自分の思いどおりにする、まんまと引っ掛けるというニュアンスの用法も見られる。それを先方から見れば「乗せられる」ことになる。

腫れ物に触る

手袋やボタンを「はめる」というように、ぴったり合うように入れるという意味の「はめる」という動詞も、「罠《わな》にはめる」として使うと、比喩的に「陥れる」という意味合いが生じ、引っかかった側の人間としては「はめられた」と地団太を踏むことになる。

大きな岩石などを破壊する目的で、火薬を埋め込んで爆破させるのが「発破《はっぱ》」である。そういう行動が「発破を掛ける」の本来の意味だが、なかなか仕事が捗《はかど》らないときなど、部下に気合を入れて強く励ますという行為を比喩的・象徴的に表現する用法もある。

皮膚の一部が化膿《かのう》して腫れたものを「腫れ物」と言う。ちょっと触れただけでも痛そうなので、そうっと触ってみる。皮膚科の病気とは無関係に、相手の機嫌を損じないように恐る恐る扱うようすの喩えとして「腫れ物に触る」という表現もしばしば見られる。単に「恐る恐る」とか「おっかなびっくり」とかということばで説明するよりも、五感を刺激するこの言い方は感覚的によくわかるだろう。

陽光の届く場所は明るく快適に感じられる。そういう自然の状態を喩えにして、恵まれた地位や境遇、あるいは世間によく知られた存在を「日が当たる」と表現することもある。また、活気が消えて急ににぎやかさが影をひそめ、寂しく感じられるようすを「火の消えたよう」と喩える比喩表現も広く使われてきた。逆に、燃えている火に油を注ぐとますます激しく燃え上がるという自然現象に喩え、一般にものごとの勢いをさらに激しくすることを、「火に油を注ぐ」結果となるというふうに表現する場合もある。

左手に団扇《うちわ》を持って煽《あお》ぎながらのんびりと過ごすというイメージで、働かなくても悠々と暮らせる状態を象徴するのが「左団扇」という表現だが、イメージが目に見えるようだ。

「花が咲く」という表現はもちろん基本的に、梅や桜や藤などが開花することをさすが、「話に花が咲く」のように、盛んになって座が盛り上がることを意味したり、努力が実って報われることを象徴的にほのめかす用法もある。人生、もう「ひと花咲かせたい」と、成功して栄えることを期待する例も、そういう意味合いで使われると、華やかなイメージだ。

陶磁器やガラスなどに細かい割れ目ができると、「罅《ひび》が入る」という言い方をする。それが基本的な意味だが、共同体や夫婦などの親密な人間関係に気まずい雰囲気が生じて円滑に機能しなくなるような場合にも、この表現が比喩的に使われると、イメージがわきやすい。

竹などの柄の先に毛の束を付けた伝統的な筆記用具を「筆」と呼んでいる。基本的な意味では、墨をつけて文字を書く道具をさすが、その使い方によって生ずるさまざまな結果を象徴する幅広い意味をも表す。「筆を執る」で文章を執筆する意、「筆を走らせる」で文章をすらすら書く意、「筆が立つ」で文章が優れている意、「筆が滑る」で書くべきでないことまでうっかり書いてしまう意、「筆を加える」で書き加える意、「筆を入れる」で添削する意、「筆を擱《お》く」で文章を書き終える意、「筆を折る」「筆を捨てる」「筆を断つ」で文筆活動をやめる意を表すなど、いずれも抽象的な意味合いを視覚的なイメージとして表現する。

和服を着たときの胸の部分の内側を「ふところ」と呼ぶ。着物姿の場合は、そこに財布を入れたところから、金銭に関する間接表現としてさまざまな言いまわしが生まれた。大金が手に入れば、洋服を着た人でも「懐に入れる」と表現する。所持金や金まわりの意味で「懐具合」、金をたくさん持っていれば「懐が温かい」、逆に持ち金が少ない場合は「懐が寒い」、そのために心細ければ「懐が寂しい」、自分の金を使って所持金の減ることを「懐が痛む」「懐を痛める」と表現してきた。不当な手段で自分の財産を増やすことは、Tシャツにジーパン姿であっても「懐を肥やす」と表現する。

人や荷物を載せて水上を移動する乗り物を「ふね」と呼ぶ。大型の物は「船」と書き、人力で動かす小型のものは「舟」と書き分ける。「舟を漕《こ》ぐ」という表現はもちろん後者だが、居眠りをする意の比喩表現となることもある。上体の前後に揺れる動きがよく似ているところからの連想だろう。

使い古した布切れを「ぼろ」と言い、着古して傷んだ継ぎ接《は》ぎだらけの汚い衣服をさすこともある。そういう汚いものは他人から見えないよう人前に出さずにおくところから、他人に知られたくない欠点や弱点を思わず露呈してしまうことを「ぼろを出す」と象徴的に表現することもある。

家賃が高い

覆いや仕切りなどのために垂らす幅広く長い布を「幕」と言う。芝居では舞台で演じられていない間、内部の仕掛けや準備などが見えないように幕で隠しておき、演技が始まるときに幕を開き、終わるときに幕を閉じる。「開幕」と「閉幕」である。そこから一般に、物事の始まることを「幕をあける」「幕があく」、終わることを「幕を閉じる」「幕が閉じる」、または単に「幕になる」と象徴的に表現することもある。幕が上下に移動する場合はそれぞれ「幕が上がる」「幕が下りる」と表現する場合もある。左右に動く場合はそれぞれ「幕がひらく」「幕を引く」と言い分けるケースもある。一般に、物事を終わりにしたい場合、芝居の表現を借りて比喩的に「幕引きを図る」などと表現する例もある。都合が悪くなって終わりにするニュアンスが伴うようだ。

弓矢の標的を「的」と呼び、矢が的に当たることを「的を射る」と言う。そこから一般に、要点を正確にとらえることをも象徴的にそう表現する。矢が逸《そ》れて的に当たらないのを「的外れ」と呼び、これも弓道に限らず一般に、要点をとらえそこねて見当外れになることを広く象徴的にこう表現する。

無味・無臭で無色・透明の液体である「水」は人間の生活に切っても切れない関係があり、「水」という語を用いた慣用表現も豊富である。「水が出る」という表現で水道の蛇口から水が出てくることをさすのは当然だが、この言い方は「洪水になる」という意味の婉曲《えんきょく》表現ともなる。「水が入る」という言い方はその逆ではない。相撲で勝負が長引き、力士が息切れして続行不能と判断した際に一時休憩をとることを意味する。力士が水を飲んで一息入れてから再開するという意味合いなのだろう。いわゆる水入りの大相撲である。水と油が性質上たがいに混じり合わないところから、人間でも性質が違って一緒に行動できない関係を「水と油」に喩える例は多い。「水入らず」という言い方は、油または湯などに異質な水が混じらず一体感のある状態というところから、夫婦や親子などだけの親しい間柄が保たれているようすの喩えとなる。濃いものに水を加えると薄くなる。仲睦まじい間柄に割って入って不仲に導こうとしたり、せっかくうまく運んでいる事柄に脇から邪魔をしたりすることを「水を差す」と象徴的に表現することもある。

　台所の流しや浴室の洗い場に水を流すことは毎日やっているが、何かを「水に流す」とどこかに流れてしまい、元の場所には何も残らない。そこから、これまでのことはすべてなかったことにして、今後はいっさいこだわらない、という意味合いで、「水に流す」という言いまわしを象徴的に用いる例も多い。

　水は液体だから、どんなに小さな穴があってもそこから流れ出してしまう。そこで、きわめて厳重な防御《ぼうぎょ》や警戒態勢などを「水も洩《も》らさぬ」と象徴的に表現する。

　何かに相手の関心が向くように誘いかけることを「水を向ける」と言うことがある。いわゆる「誘い水」に近いが、一般的には、相手が慎重に構えてなかなか動き出さない場合に行動するよう仕向ける行為をさし、話を引き出すためにきっかけを用意する場合も多い。巫女《みこ》が霊を招く際に水を差し向けることと関係がありそうに思われる。

「道路」や「通路」という漢語を用いた慣用句はほとんど見かけないが、和語の「道」を用いた慣用表現はけっこう多い。通り道を造るという意味の「道をつける」という表現は、地上の道路という意味を離れて、その分野の後進のために基礎を用意するという抽象的な意味合いでも使われる。「道を開く」のも地理的な開拓だけでなく、活動しやすくしておくという広い意味で使われる表現だ。その逆に、「道がふさがる」という表現は、通行止めを意味するだけでなく、その分野では活動する余地がないという意味でも使われる。

「道を譲る」という表現も、狭い道で脇に寄って相手を先に通すといった思いやりのある行為を意味するほか、自分は第一線を退き、その分野で他の人物が活動しやすくなるように配慮するという意味に用いる例もある。

駄洒落じみるが〝強引にマイウエー〟を進むことを「わが道を行く」と表現する。この「わが道」は私道のことではない。自分の進路、すなわち、こういう人生を送りたいと考える将来像を意味する。「道に外れる」という表現も、本道から逸《そ》れて脇道に迷い込むといった具体的な行動だけでなく、人間としてなすべき行為ではないといった倫理的な意味合いでも使われる。

「虫の音」「虫に刺される」「虫下し」の虫は動物の範疇《はんちゅう》に属するが、古来、日本人が、さまざまな意識や感情を起こすもとになるものを体内に潜む虫のせいだと考えてきたところから、「腹の虫がおさまらぬ」「虫の居所が悪い」など、この語は気持ちや気分に関するいろいろな意味を表す慣用表現の中に組み込まれた。並外れて臆病だと「弱虫」と呼び、学校の成績に異常にこだわると「点取り虫」などと人間扱いされず、一つのことに熱中する人も「本の虫」「稽古《けいこ》の虫」などと虫類扱いされる。

穀物や衣類、書画などに小さな虫が害を与えることのあるように、未婚の女性に言い寄る男ができると、その相手が好ましくない場合は「虫がつく」と評してきた。

論理的に説明できない考えや気分がきざすと「虫の知らせ」ととらえる。ただし、人が死ぬといった不吉な予感の場合がふつうで、宝籤《たからくじ》に当たりそうだとかといった期待にはあまり使わない。「虫が好かない」というのも、その理由を理屈で説明できず、ただ何となく嫌いだという場合に使う。なぜか、わけもなく自分の得になることばかり考えると「虫がいい」となる。

話す際の語調やことばの使い方が本来の「物言い」だが、相撲で勝負審判などが行司の判定に異議を唱えることを「物言いをつける」と言うところから、一般に文句をつける意に広がった。「物を言う」という表現も本来は口に出して何かを言うという意味なのだが、「金がものを言う」「学歴がものを言う」「経験がものを言う」のように、それが有効に働く、役に立つといった意味合いで使われることもある。擬人的な象徴表現と言えるだろう。そのことを意図的に積極的に利用するのが「ものを言わせる」で、「資金力にものを言わせる」「地位にものを言わせる」のようによく使われる。

与えられた任務がその人間の力量に比較して不相応に軽い場合、「役不足の感は否めない」などと言う。近年、それを「力不足」と勘違いしてか、自分では謙遜したつもりでこの「役不足」という語を使う俗用が世間にはびこって話題になった。家や部屋を借りる料金を「家賃《やちん》」と言う。安月給の身でうっかり高級マンションを借りたりすると、家賃を払うのに給料の大半を費やすことになって暮らしが成り立たない。そのことから、当人の実力につりあわない高い地位についたり重い任務を担ったりすることを比喩的に「家賃が高い」と称する用法もある。「役不足」ではなく、これなら謙虚な応対に響くだろう。

平地に比べて「岡」よりもさらに著しく高く盛りあがった地形を「山」と呼ぶ。「山を越す」のは通常その山の向こう側に行くことだが、「峠を越す」と同様、難事業や大病などの苦しい段階や危険な状態を通り過ぎるという意味で象徴的に用いることもある。山を買ってたまたまそこに鉱脈を発見すれば大儲《おおもう》けになる。それを狙って大胆な予想をして思い切った手段に出ることを「山を掛ける」または「山を張る」と言う。それを職業とする人間が「山師《やまし》」である。一か八《ばち》かという商売で、当たり外れの多い職業であるところから、山に限らず一般に投機的な仕事をする人をさすこともあり、さらに詐欺師という意味に使う例もある。買った山からうまく鉱脈が発見できれば「山を当てる」と言う。試験前の山勘《やまかん》がうまく的中して「山が当たる」のも、山師じみた行為の象徴的な表現である。

どんな乗物でも前に進み、後ろに下がることも可能だが、左右に動くようにはできていない。それを強引に横に進ませようとするように、道理に合わない理不尽なことを無理やり押し通す行為を象徴的に「横車を押す」と表現することがある。

両力士がたがいに片腕を相手の腕の内側に差し込む組み方を、相撲界では「四つに組む」という言い方をする。右四つでも左四つでも、そんなふうにがっぷり組み合うと、簡単には勝負がつかない。そこから相撲以外でも、正面から対等に渡り合う、堂々と争うという意味合いの象徴的表現として使われることもある。

ポンプの水が出にくいとき、上からほかの水を注ぎ込むと出やすくなることがある。中の水を呼び出す働きをするその水を「誘い水」と言い、そうすることを「呼び水をする」と表現する。水を出す行為とは無関係に、一般に、何かを始めるきっかけになることを「呼び水」ということばで象徴的に表現するところまで広がった。

独特の強い香りと辛い味をもつ「山葵《わさび》」は刺身に欠かせない薬味である。それがぴりっとして刺激的であるところから、談話や文章の中の、相手に強い印象を残しそうな箇所やその一節を「山葵が利く」と比喩的に形容する用法もある。

鳥獣のたぐいを生け捕りにする仕掛けを「罠《わな》」と呼んでいる。そういう目に見える仕掛けとは別に、人をひっかけるための策や、騙《だま》してひどい目に遭わせるための計略などを、比喩的・象徴的に表現する際にも、この「罠」という語を用いる。騙す側では「罠に掛ける」、騙される側では「罠に掛かる」「罠に落ちる」ことになる。

繁殖地と越冬地との間を長距離にわたって移動する燕《つばめ》・鴨《かも》・時鳥《ほととぎす》などを「渡り鳥」と呼んでいる。

人類でも、ある土地から別の土地へと渡り稼ぎをして生活する人を比喩的にそう呼ぶのもすでに慣用となって久しい。

旧日本軍の召集令状を古くは「赤紙」と呼んだ。税金の滞納者に国から送られる差し押さえの紙も「赤紙」と呼ばれたようだ。どちらも色が赤かったからである。内容をぼかしてこんなふうに色で代表するのは、どちらも心理的にふれたくない内容だったせいもあったかもしれない。駅で旅客の手荷物を運ぶ職業の人を「赤帽」と呼んだのも、彼らのかぶっている赤い帽子に象徴させた名づけである。昔、大学生を俗に「角帽」と呼んだのも、多くの大学の制帽が角ばっていたからであり、特に先のとんがった早稲田の学帽は「座蒲団《ざぶとん》」と呼ばれたものだ。

比喩であれ、象徴であれ、抽象嫌いの日本人のこうした名づけは、良くも悪くも、すぐにイメージが湧き、人の五感にじかに響く感覚的な生々しさに特徴があるように思われる。

第三章

抽象観念も感覚的に

明暗

抽象的な観念に全面的な信頼を置かない日本人は、頭に浮かぶ思考でさえ可能な限り具象化して、自分の五感にじかに響く感覚的なイメージでとらえようとしてきたように思われる。体で納得しないと、しっくりと腑《ふ》に落ちないのだ。

古く有島武郎は『生まれ出づる悩み』の中で、「男ぼれのする君の顔がへやを明るくしていた」と書いた。きりりと整ったその男の顔が、その場の雰囲気を快適な感じにしていると思ったのだろう。映像とならない快適さという心理的な存在を、部屋の明るさという視覚的な存在に置き換えて、じかに読者の感覚に訴えようとしたように思われる。

三島由紀夫は『真夏の死』に「それはその日の空気と日光があまりに澄明《ちょうめい》で、朝子の心の無意識の領域までが、日を浴びて半透明に明るんでいたせいかもしれない」と記している。日の光が心の中まで明るくし、見えるはずのない領域が半透明に感じられるのだ。

石坂洋次郎は『青い山脈』で「雪子は、自分の言葉が、水に落ちた油のように、ギラギラ浮いているだけなのに気づいていた」と書いてみせた。自分の話が相手の心の中に届かない張り合いのなさを、「水に落ちた油」に喩え、「ギラギラ」という擬態語まで活用し、読者の視覚に訴えようとする感覚的な表現である。

開高健は『流亡記』に「ベッドのうえで眠りにおちる瞬間の抵抗、ものうくこころよい寝返りの刹那《せつな》に私たちをおそう、あの透明ではげしい拡張感」と書いている。心地よさといっても、ここはもともと感覚的な心理なのだが、その触覚的な快感を「透明」という明らかな視覚的現象としてとらえ直した例である。

山川方夫は『海岸公園』で、「私は爽快で、ひどく晴ればれとしていた」と書き、次いで「透明な、自分がからっぽになったような澄んだ気分のまま、私は、まるで一箇の荷物のようにバスの震動に揺られていた」と続ける。「爽快」は気分だから当然、目には見えない。「晴れる」はもともと、「疑いが晴れる」のように、気持ちにひっかかっていた心配事、わだかまりが消えてなくなることを意味し、空を覆っていた雲がなくなることを「晴れる」と言うのも同様の現象である。ただ、ここは「晴れ晴れ」とあるから気分を問題にしていると見られるが、次の「透明」や「からっぽ」となると、目に見えないその気分を明らかに感覚的に表現している。

澤田ふじ子の『虹の橋』に「全身に稲妻のようなものが走った」とあるのは、精神的な衝撃を稲光というイメージで視覚化した例である。深沢七郎の『月のアペニン山』には「これをきいた時、暗い部屋にパッと電灯がついたような気がした」とあり、今度は照明のイメージの導入だ。林真理子の『言わなきゃいいのに…』では「頭の中に、きっちりとした回路ができあがり、ランプのように、理路整然とした言葉が次々と点滅してくる感じだ」と展開し、「ランプ」の比喩の次に「点滅」のイメージが導入されて、文面が光りだす。

宮本輝の『道頓堀川』には「まち子姐《ねえ》さんにひそむ純なものがその素顔の眉の剃《そ》り跡あたりに柔らかく光っている」とあり、ここでも「純なもの」という精神的な存在が「光っている」と視覚化される。松村栄子の『至高聖所』には「明方、ようやく薄明のような眠りがやってきて」と、「眠り」を「薄明」ととらえる表現が見られ、城山三郎の『辛酸』では、「暗雲に封じこめられているときでも、正造にはふしぎな曙光《しょこう》を見る力がある」と、目に見えない状況を「曙光」というイメージで視覚化した例が現れる。

今度は逆に、暗い側に映像化する例を、村上春樹の作品から拾って眺めてみよう。まず、『レーダーホーゼン』に、「それはまだらになった影のように我々の人生の地表を暗く染めているかもしれない」という箇所が出てくる。「人生」という概念を「地表」という空間的な場所と結びつけた例であり、そこを「影」のように「暗く染める」という発想である。また、『プールサイド』には、もしも水泳競技に「ターン」も「距離表示」もなかったらと仮定し、競泳は「救いのない暗黒の地獄」と化すだろうと、光の射さないイメージを想定してみせた。さらに、『タクシーに乗った男』で、「そこに、まるで傷あとのように細い陰影がついている。目に見えぬ世界の、音のない戦闘があとに残していった陰影だ」と書き、「戦闘」の「傷あと」を「陰影」という暗さのイメージで視覚化を図った例と見られる。

色彩

光と影に続き、視覚面から今度は色彩に目を移そう。三島由紀夫は『真夏の死』で、「三年以上たった夫婦の間には、まじめな事柄というものは何一つありえないのが本当だが」と前置きして、「悲嘆は二人を別々な色合でまじめにしていた」と書いているが、それぞれどういう色調なのかについては言及していない。同じ作品に「悲しみは、朝子の危惧に反して、また日に新たに日に濃《こ》まやかになった」という一節も出てくる。この「こまやか」という語は、単に色が濃いという意味で、松の緑などにも用いるが、別に緑色をさすわけではない。まずは色のない色、白と黒から始める。

小川洋子は『冷めない紅茶』で、女性について「積もったばかりの雪のように、飾り気がなかった」と形容している。何色とは明記していないが、雪解けではなく「積もったばかりの雪」に喩えているのだから、白いイメージだ。おそらく変に世間の色に染まっておらず素朴で素直だといった意味合いなのだろう。

村上春樹は『タクシーに乗った男』に「頭の中がまっ白になり、それが少しずつもとに戻るのにずいぶん長い時間がかかった」と書いている。すっかり舞いあがるとか、何らかの心理的な理由で、一瞬それまでの記憶が飛んでしまうことを、俗に「頭の中が真っ白になる」と言うのをよく耳にする。比較的新しい用法のはずだが、三十年ほど前の早稲田での学会講演で渡辺実という著名な国語学者が使ったのを衝撃とともに鮮明に記憶している。

「定休日につきお休みいたします」に代わって東京でも「休ませていただきます」が主流となった半世紀ほど前の現象や、「同じ」という意味の「いっしょ」の用法拡大、あるいは近年の「めっちゃ」の濫用、あるいはまた、「ドヤ顔」の東京進出など、天気の崩れが西から次第に東に広がるような言語変化が観察される。この「真っ白」の新用法も、もはや全国的に広がって一部の国語辞典にも載るほどだ。本のページをめくったら真っ白で何も書いてないという目を疑う感覚なのか、マグネシウムを焚《た》いてあたりが一面に明るくなりすぎて何も見えない、あのイメージなのか、どういう発想で浮かんだ表現なのだろうか。いずれにしろ、精神的なハレーションめいた現象なのだろう。林真理子は胃のX線撮影の連想で『ウフフの話』に「脳みそがバリウムを飲んだように真白になった」と書いている。

山川方夫は『一人ぼっちのプレゼント』で、「未来が途方もなく厚い重い灰色の壁のようにしか感じられない」と書き、「未来」という時の流れに「灰色」という色彩を感じた。

阿刀田高の『ミッドナイト物語』には「頭の中の白い靄《もや》が解け、黒い霧が溢《あふ》れ、闇が一層深くなった」と、頭の中が白から黒く変色するイメージが登場する。林真理子も『言わなきゃいいのに……』に「この胸にしのびよる黒い雲」と書き、不安のような心理状態を「黒い雲」に喩え、同じ作品で「どす黒い好奇心」と、やはり心に色を感じてみせた。

三島由紀夫は『憂国』に、「まだどこにも兆していない死苦が、感覚を灼《や》けた鉄のように真赤に鍛えてくれる」と書いた。「死苦」に赤い色を想像した例だ。吉本ばななは『サンクチュアリ』に

「健康な容姿にふさわしく、平穏、という字がまっ赤な太鼓バンで押してあるような人生だった」と書き、「人生」に赤を連想した。

星新一は『エヌ氏の遊園地』に「自由にみちた夜、夢までがバラ色に彩られていた」と書き、同じ作品に「とりまく世界は、バラ色の霧になっていた」とも書いている。「夢」や「世界」を薄紅色に眺めたことになる。

清水義範は『蕎麦《そば》ときしめん』に「車内の空気がさっと青ざめる」と書いている。「青ざめる」は顔面蒼白といった色の退《ひ》いた状態なのかもしれないが、青い色とまったく無関係とも言えない。吉本ばななは『うたかた』で「淋《さび》しさというものは、いつの間にか、気がつかないうちに人の心にしみてくる」と書き、それを「ふと目覚めてしまった夜明けに、窓いちめんに映るあの青のようなものだ」と、青い色に喩えた。そして、「星がどんなにたくさん出ても、心のどこかにあのしんと澄んだ青が残っている」と続け、「母が急に生活からいなくなって、私はまっ青に染まっていたのだと思う」と展開する。つまり、淋しいという感情に青い色を連想する流れとなっている。

川端康成は『みずうみ』に「運転手の世界は温い桃色で客の世界は冷たい水色のようにも、銀平は思う習わしになった」と書く。タクシーのフロントガラスの一部に注目したのがきっかけだが、それを概念の世界に呼びこんで象徴化した描写である。

池澤夏樹は『真昼のプリニウス』に、「われわれの日々には明るいところもあり、暗いところもあり、また緑に輝く日もあれば褐色に濁った時期もある」と記した。時の流れに感情を反映させ、

「緑」と「褐色」という色の変化で象徴させた表現である。

形状

三島由紀夫の『真夏の死』に「事件の輪郭は徐々に崩れて来て、ぼんやりし、あいまいになり、風化し、解体した」とある。事件という実体の周囲が次第にぼやけてゆき、ついにうやむやになってしまう変化を、輪郭が崩れる、風化、解体という視覚的なイメージをとおして描き出した一節である。同じ作品で三島は、「池のおもてに張った薄氷のような忘却が、朝子の悲しみの記憶を覆った」と書き、「この氷は稀《ま》れに破れた。しかし一夜にしてまた同じ氷が水面を覆い隠した」と、その比喩を展開させる。ここも「悲しみの記憶」という心理面を、氷が結び融ける視覚的な変化としてとらえた例である。

池澤夏樹の『真昼のプリニウス』には、「ここ何週間かずっと気になっていたこと、心の底でゆっくりと渦を巻きながら濃くなってゆく霧のようなものの正体が、ふっと少し見えたような気がした」というくだりが出てくる。ここも「気になっていたこと」とあるから心の中の漠然とした感情をさすはずで、それを目に見える「霧」という自然現象のイメージで表現した例である。

星新一の『エヌ氏の遊園地』には、「胸からは、もやもやした雲が消えてしまっていた」という描写がある。ここも胸の中にある何らかのぼんやりした不安のような感情を、「雲」のイメージで視覚的に表現した例である。

宮本輝の『二十歳の火影』に、「作家の研ぎ澄まされた感性に脱帽した」とあり、「その感性なるものが、書かれてある文章の表からではなく、削り取られた、あるいはあえて書かなかったであろう行間の痕跡から、確かにめらめらと漂ってくることに気づいた」と続く箇所がある。ここでは、「感性」や、書こうとして結局は書かなかった「行間の痕跡」という、目に見えない存在を、炎を上げて勢いよく火が燃えるときの、揺れる炎という不定形の動きというイメージで可視化した例と考えられよう。

富岡多恵子は『青春絶望音頭』に「アラン・ドロンの男前の中には、男前で生きてきたキタナサが皮膚の陰に見えかくれする」と書き、その映画を見ると「あけ方うなされる」と記した。片仮名の「キタナサ」はむろん泥や油の汚れではなく、生き方や人柄を含めた雰囲気のようなものだろう。それを皮膚の陰からこすりとるイメージだろうか。

吉本ばななは『血と水』に「柳の枝が陽にさらされては次の瞬間大風に揺れるように、桜が咲いては散るように、時がたっていくこと」と書いている。ここも、目に見えない時の経過というものを、柳の枝が風に揺れ、桜が咲き散るという植物の形の変化という視覚的な映像としてとらえていることになる。

音響

有島武郎は『生まれ出づる悩み』に「自然が粉雪をあおりたてて、所きらわずたたきつけながらのたうち回ってうめき叫ぶそのものすごい気配はもう迫っていた」と書いた。「気配が迫っていた」とあるだけだから、「自然」が「のたうち回ってうめき叫ぶ」音響そのものはまだその場所に届いていないという理屈になる。自然の猛威を「あおりたてる」「のたうち回る」と擬人化した表現ではあるが、この場合は現実の音を土台にした発想である。

武者小路実篤は『若き日の思い出』に「どんな時にも生命の波音は囁《ささや》く」と書いた。ここも、「囁く」という人間専用の動詞を用いて擬人化した例ではあるが、「生命」という抽象的な概念の発する何らかの音として、読者の感覚に響く。

柴田翔は『われら戦友たち』に「ただ、仲間が欲しくて、革命とか、平和とか、響きのいい言葉のまわりに、砂糖菓子にたかるありのように群がっているだけだ」と書いている。たしかに「響き」とあるが、ここは「響きのいい言葉」という表現が、音調として耳に心地よく聞こえるというよりは、人びとがちょっと魅力を感じそうなことばというような、その語の概念をさしているのだろう。しかし、同じ作品に出てくる「頭の中で、いくら言葉を重ねても、ついに言葉にならない焦燥が、ぎりぎりときしみまわった」という例は違う。「焦燥」という精神的な概念に対して用いている、「ぎりぎり」という擬音語と「きしむ」という動詞が、読者の耳に音響をかきたて、感覚的に刺激するからである。

沢村貞子は『貝のうた』に「狂ったような好景気の嵐が静まると、冷たい不況の波が、ゆっくりとひろがってきた」と書いている。「嵐」も「波」も慣用的な比喩表現として定着しており、生々しい感じは消えたが、「静まる」という動詞と呼応し、いくぶんかの聴覚的な刺激は残るかもしれない。

三浦哲郎は『愛しい女』で、「実にかすかにだが」と前置きし、「軀《からだ》のどこか薄暗いところに淀《よど》んでいた古い血でも波立ち騒ぐような、ざわめきがきこえた」と書いている。ここも気持ちの動きだから音響として意識するはずはないのだが、「波立ち騒ぐ」という語で聴覚を刺激し、「ざわめき」という語で「ざわざわ」する音を意識させることだろう。

林真理子は『言わなきゃいいのに…』に、「エステティックサロンと、英会話の個人教師のチケットを購入した」ときの代金を「どすんと胸に響く」と記した。洋服や食事代に「さんざん無駄遣いをしてきた」身でそう感じたのだから、よほどの痛手だったのだろう。ここでも単に「響く」とするのではなく、「どしんと」と擬音語を添えて読者の感覚に訴え衝撃を伝える。

村上春樹は『遠い太鼓』で、ローマ滞在中の「壮大な疲労」が「約二週間続いた」あと、それが「突然消滅した」と書き、その唐突さを正確に発音しにくい「ポンッと」というリアルなオノマトペで強調している。もちろん疲れがとれる瞬間にそんな音響を発するはずはないから、無音の状態を聴覚的に活性化した表現なのだろう。同じ作品の中で、「さよなら」という言葉を交わしたあと、

「彼女をその物静かなみずたまりのような哀しみのなかにそっと置き去りにした」と、この作家は記している。「哀しみ」という感情を、「物静かなみずたまり」という視聴覚でとらえうるイメージに置き換え、「哀しみ」を感覚的に表現した例と見ることができるだろう。

味覚

有島武郎の『生まれ出づる悩み』に「君の心の中には苦いあく汁のようなものがわき出てくるのだ」という一節が出てくる。「心の中」とあるから感情の一種であるにちがいない。それを「あく汁」の分泌に喩えた表現だ。「苦い」という語は、つらく不愉快な思いの形容ともなるが、基本的には、舌の奥に焦げたような味を感じる場合に使う味覚表現である。

だが、味覚表現が感情的、抽象的な意味合いで使われるのは、何といっても「甘い」という表現が圧倒的に多い。「あまい」はもともと「ゆるい」といった意味合いで広く用いたようだが、現代では味覚が中心となっている。三島由紀夫の『真夏の死』には「疲れ果てて、空虚な甘い気持になった」とあるし、吉本ばななの『とかげ』にも「甘い、柔らかい目をしている」という描写が出てくる。人の心を誘い込むような、うっとりとする感覚なのだろう。

堀田あけみは『さくら日記』に、「魅々子、という耳の落ちそうな甘ったるい名前の女の子」と書いている。落ちるのがほっぺたでなく耳なのは、名前の響きだからだろうか。池澤夏樹も『真昼のプリニウス』で「恋という甘ったたるい言葉」と書いているし、林真理子は『言わなきゃいいのに…』に「ただ甘ったたるいばかりでなく、小説としても読みごたえがある」と書いている。「目」にしろ「言葉」にしろ「小説」にしろ、ぺろぺろなめて舌で味わうものではないから、思わずだらしなく目を細めるような感じを味覚に置換した表現なのかもしれない。

林真理子は同じ作品で、「ベッドサイドの電話というのは、どうしても甘やかな気分になってくる」とも書いてみせる。この「甘やかな」という表現も、おのずと口もとが緩んでくるような気分をさすのだろう。とすれば、縁日で水飴《みずあめ》や綿菓子を前にした昔の子供のとけそうな顔とさほど違いはない。

痛痒

山川方夫は『海岸公園』に、「一筋の光に刺しつらぬかれた闇のように、ある理解が私を裂き、苦痛に私は顔をゆがめていた」と書いた。最初の「光に刺しつらぬかれた闇」という比喩の部分は、明暗のイメージだから視覚的な例となるが、ここで注目するのは、「理解」という抽象概念を刃物並みに「裂く」という動詞の主語に据え、事実、それによって私が「苦痛」で「顔をゆがめる」という皮膚の痛覚的な反応を示す点である。同じ作品に、「おぞましい、刺すような顫動《せんどう》が私の背をかけめぐって」という心理描写も出てくる。裸の祖父を見つめながら、精神的な衝撃を「刺す」という鋭利な刃物のイメージでとらえた例である。

この「刺す」という痛覚の刺激が心理的ショックを代弁する例はいくつもある。林真理子が『言わなきゃいいのに…』で「今でもこの季節になると、私の胸をちくりと刺す記憶がある」と書いたのもその一例だ。筒井康隆が『文学部唯野教授』で「何も知らぬ友に対し唯野の良心がちくちくした」と記した精神的な呵責《かしゃく》の描写もそれに類する。同じ作家が別の作品『偽魔王』で「ちらりと刺すような視線」を妻に向けるのも同類だろう。

柳田邦男の『「死の医学」への序章』に出てくる「電話で解雇の知らせを受けた夜、私の心はキリキリ痛みました」という例も、それに近い痛覚の表現である。柴田翔も『われら戦友たち』で、姉を愛すればこそ、姉が確実に軽蔑するだろうことをする「この論理が十七歳の一生〔人名〕を、きりきりと苦しめ、同時に彼にひそかな快感を与えた」と、同じく「きりきり」という擬態語で心の痛みを感覚的に表現した。

「ねちっこく執念深い河北の批判と恨み節といや味は約三十分続き、唯野は胃に穴があくのを自覚した」という『文学部唯野教授』の例も、読者の痛覚を刺激するはずだ。

山川方夫の『煙突』に「秘事をあばかれた羞恥を平手打ちのように頬にかんじて」という一節が出てくる。これも「羞恥」という感情を、「平手打ち」の肉体的な痛みとして感覚的に表現した例である。

林真理子は『言わなきゃいいのに…』で「胸がキュッとしめつけられるような気分」と書き、「有難いやら、すまないやらで私の胸はキュッと痛くなる」とも書いて、気分を肉体的な苦痛で表現した。同じ作家が『ウフフの話』にも「心臓の奥の方がキュッと痛くなった」と書いているが、「胸」でも「心臓の奥」でも読者には同じような痛みに感じられよう。

池澤夏樹の『真昼のプリニウス』に「去っていった恋人のことは、その鋭い角が心を傷つけなくなるまで」とある箇所も、「心の傷」という使い古された慣用表現より生々しいのは、「心を傷つける」の前に「鋭い角」という具体物の主語を据えたせいだろう。「角」という漢字を「つの」と読めばなおさら、「かど」と読んでも痛覚を刺激される表現であることに変わりはない。

電流に関する比喩的表現も散見する。筒井康隆『文学部唯野教授』に「全身から静電気をぱちぱち発し続けながら言った」とあるのは、そのことばが「ぼくへの復讐《ふくしゅう》はおかど違いですよ」という内容であるところから、いささか興奮状態で口にしたような見当がつく。松本侑子の『植物性恋愛』に出てくる「植物のように無感覚だった神経は、乾燥した冬の日の感電のように、痛いほど過敏になる」という例でも、似たような状況が想像される。

林真理子の『言わなきゃいいのに…』には、「板前さんというのは、味がわかる客がカウンターの向こうに坐ると、ピピッとした電流を感じるものだそうだ」という例が出てくる。同じく電流の比喩でも、こちらは興奮状態とは無縁で、いわゆる第六感と同様、すぐにぴんと来るという意味合いだろう。いずれにしろピリッと刺激される皮膚感覚の表現である。

宮本輝の『二十歳』に、小説を読んだときの感動を「しびれ薬をしこんだ針のように、私の魂の奥深くの、得体の知れない領域に忍び入ってきた」と比喩的に述べた箇所がある。感動という精神的な対象を「しびれる」という皮膚感覚でとらえた表現である。

一方、全身が痒《かゆ》くなるような表現も存在する。内田百閒のその名も『搔痒記《そうようき》』という作品に、「妻が覗《のぞ》いて見たら、毎朝顔を洗う金盥《かなだらい》に薬を入れて、膝頭の大きな腫物《はれもの》を洗っていたと云うので、気味が悪くなり、間もなく帰してしまった」とある。ここは扱っている話題がそもそも痒いおできのことなので、想像しただけで痒い感じのするのは、表現というより情報のせいである。そのあとに「家の中じゅうおできだらけになる様な、いやな気持がした」と続く。この部分は「家の中じゅうおできだらけ」という比喩表現の刺激で読者に搔痒感を引き起こす。

しかし、「身体中にこみあげる、くすぐったい想いに、耐えかねて、真っ赤になってうつむいた」とある折原みとの『桜の下で逢いましょう』の例は、心理的なむず痒さであり、かなり慣用的になってはいるが、ともかく肌で感じるはずのない感情という対象を、読者の触覚を刺激する感覚的な表現で描きとった例であるとは言えるだろう。

寒暖

星新一の『エヌ氏の遊園地』に「不意にさむけのようなものを感じ、青ざめながら口走った」とある。怖れに似た感情を「さむけ」という温度感覚で表現した例である。雁屋哲の『美味《おい》しんぼ探偵局』には「聞いているうちによう子は背筋がゾクゾクして来た」とあり、やはり感情を「背筋がゾクゾク」という寒さの感覚に置き換えて表現している。

有島武郎の『生まれ出づる悩み』には「君の心は妙にしんと底冷えがしたようにとげとげしく澄みきって」とあり、やはり感情を「底冷え」という寒さの感覚でとらえ、「しんと」というオノマトペが、しんしんと冷えるという連想を誘って、低温の印象をかきたてる。

三浦哲郎の『帰郷』には「胸に隙間風のようなものが、ひんやりと吹き込むのを感じた」という一節が出てくる。「隙間風」のイメージも、ひやりとした寒さ感覚だが、そこに「ひんやり」という擬態語が加わって、そういう感覚をいっそう確かなものとする。

村上春樹の『遠い太鼓』に出てくる「バランスの悪さがなんとなく寒々しい」という例も、本来、皮膚感覚ではないものを温度でとらえ直した表現と言えるだろう。

一方、武者小路実篤の『若き日の思い出』には、「春の日に照らされて凍りついた氷がとけるように、私の心も解放されます」という例が出てくる。氷が解けるのだから、ここは逆に、心地よい暖かさという温度感覚で、解放感という心理状態を象徴的に描いている。前に「しびれ」の箇所でふれた宮本輝『二十歳』の小説に対する感動は、「温かい羽毛のように」という温度感覚の比喩でも描かれている。林真理子の『言わなきゃいいのに…』には「胸にぐっと熱いものがこみあげてくる」と、精神的な感動が「熱い」と、さらに温度を上げて描かれているが、これはかなり慣用的な使い方である。

乾湿

林真理子が『言わなきゃいいのに…』で「私の英語ときたら、いま思い出しても冷や汗が出る」と書いた箇所も、恥ずかしさという精神的な状態を「冷や汗」という温度と湿度の感覚でとらえ直した例だが、これは今や「汗」という触感を喚起しないほどに慣用的な表現となっている。

芝木好子は『噂《うわさ》』に、「その表情が滲《し》みるように、渇いた千佳子の胸をあたたかく潤した」と記した。「あたたかく」の部分は寒暖に属する心情表現だが、「滲みる」「潤す」という二つの動詞はともに水分に深く関係する意味であり、全体として、五感でじかにふれることのできない心のありようを湿った感覚でとらえた表現と見ることができるだろう。

三島由紀夫の『真夏の死』には、「忘却」について「ごくわずかの隙間をみつけて浸潤した。目に見えない黴菌《ばいきん》のように組織を侵し」と展開する例が出てくる。「忘却」という直接には五感でとらえられない対象について「浸潤」という語を用いることにより、湿りけという感覚的な表現に仕立てている。

池澤夏樹の『真昼のプリニウス』には、「午後遅い時間はもの惜しげに一滴ずつしたたってゆく」という例が現れる。「時間」という概念を、「一滴」「したたる」という語の使用により、液体に近い感覚で読者を刺激する。

一方、村上春樹『遠い太鼓』には「からだが言葉を求めてからからに乾いていた」とあり、松村栄子『至高聖所』には「この空間を支配しているピュアで乾いた物質性を嗅ぎつけた」という例が現れる。どちらも多少とも精神的あるいは抽象的な対象を、「乾いた」と感覚的に描いた象徴的な表現と考えられる。

触感

村上春樹は『遠い太鼓』で、「その年月」について、「しっかりとしがみついている」と書き、「記憶のグリップ」という表現を用い、さらに「非現実の暗闇のどこかから伸びて、現実の僕を摑《つか》んでいる」と展開する。時間という概念を触覚的に表現した例である。

李良枝も『由熙』で、「剝がしても剝がしても、記憶はかえって厚みを増していく」と書いている。どちらも抽象的な概念を触覚的にとらえた表現である。

富岡多恵子は『青春絶望音頭』で「ひとりの人間ととことんつきあう癖があり、その人間にからみつき、しがみついて、その人間を疲労させる」と書いた。山川方夫も『海岸公園』で「モチのように粘りつき離れない、不愉快な匂いのする家族というものの重さ」と記している。どちらも肉体的な接触という触感をかきたてる比喩表現となっている。

宮本輝の『道頓堀川』には、「凄《すご》んでみせたときの男の目に一瞬ちかりと光った」「冷たい無機質な鈍光」をとらえ、「そこに一枚薄くかかっていた膜のような部分に、確かに一種淫猥《いんわい》な粘り」を感じとるくだりが出てくる。その人間の雰囲気のような印象を「粘り」と触覚的にとらえた表現である。

「心の中で罵倒する言葉を探して、歯ぎしりした」という柴田翔『われら戦友たち』の一節の「歯ぎしり」という比喩が読者の触覚を刺激する。「激しい衝動が、ふいに胸をタワシでこすられたように湧いてきた」という山川方夫『煙突』の一節も、「タワシでこすられる」触感で読者の神経に迫るだろう。

その逆に、やわらかい触感を誘う例もある。有島武郎の『生まれ出づる悩み』に「どろ沼の中からぬるりと頭を出す水の精のように、そのたくらみは心の底から現われ出る」と書いている。表面が粘液状で滑りやすい触感を象徴する「ぬるぬる」という擬態語の接触時間を瞬間的にした「ぬるり」、そのオノマトペの感触を利かせた比喩表現である。

円地文子は『女坂』で「眼が涙ぐんだままはなやかに微笑んで、若い肉体を覆っていた憂いは薄《うす》衣《ぎぬ》の滑り落ちるように消えた」と描写した。「憂い」という感情を、「薄衣」のイメージでとらえ、消えることを「滑り落ちる」と摩擦の触感を喚起し、読者の五感を刺激する。

松村栄子も『至高聖所』で「眠りはいつもジュエリー・ケースに施された絹の内張りのようになめらかで、わたしは重みのある宝飾品のようにすとんと心地よくその中に落ちた」と睡眠を優雅に描写してみせた。「宝飾品」のイメージと、「すとん」という滑らかなオノマトペが共演し、肌に優しい触感を読者に夢のように送り届ける。

林真理子が『言わなきゃいいのに…』で「ああ、夢を見ている」と自分で思いながら、「暖かくやわらかい泥の中にずぶずぶと入っていくような感覚」と書いたのも、吸い込まれるような滑らかさだったろうか。「泥酔」ならぬ「泥睡」という語は聞かないが、そういえば「泥のように眠る」という慣用表現がある。引きずり込まれる感触なのだろうか。ちなみに、同じ作者が『ウフフの話』で、「どろりとした憎悪や揶揄《やゆ》」とも表現している。

吉本ばななは『血と水』に「乳児がはじめて母の乳首を口に含んだときのような感触」という比喩を用い、「ここにいることをとにかく徹底的に全面的に許されているという柔らかな衝撃」という心理を、触感として読者に送り届けている。

不快な感触もある。村上春樹が『遠い太鼓』で「僕の脳味噌《のうみそ》を刺し、それをぶよぶよと鈍くふやけさせてしまった」と書いたのは、もちろん不快なやわらかさである。同じ作品で、「口もきけないくらい疲れて」いる感触を、「からだの隙間という隙間に、歯医者が充塡《じゅうてん》用に使うセメントが詰まっているみたいな気がした」と、逆に硬いイメージで描く。

山川方夫は『海岸公園』に「自分が苦痛に似た、灼熱した鉄棒のような固い一本の憎悪に化して行く」という隠喩表現を用いた。「一本の憎悪」とある。精神のありようを「鉄棒」という物体としてイメージ化した例だが、読者はそこから、ごつごつした触感を意識するかもしれない。

村上春樹の『遠い太鼓』には、どうしても思い出せないときの焦りを「頭にはつぶつぶのような空白が生じている」と感覚的に表現した例も出てくる。何も存在しない「空白」に細かな凹凸を意識し、その状態を「つぶつぶ」というふうに粒立つイメージでとらえた発想だが、粒状のものが粟《あわ》立《だ》つ皮膚などの連想を誘い、読者の脳裏にざらざらした触感を呼び起こすような気もする。

落合恵子は『シングルガール』で、「心の方面が泡立つ思いに捉われた」と書いた。寒さや怖さで皮膚の毛穴が粟粒《あわつぶ》のようにふくれる鳥肌のような「粟立つ」とは違って、ここは石鹼の泡がたくさん出てくる意の「泡立つ」だが、いずれにしろつるんとした滑らかな肌合いとは違う。やはり、刺激を受けて心がさざ波立つ気分なのだろう。同じ作品に、「皮膚の表面がチリチリと泡立つような意欲が佐和子の中に、再び甦《よみがえ》っていた」という例も出てくる。「ちりちり」という擬態語は通常、物が縮んだり皺《しわ》が寄ったりするようすを象徴して使われる。ここは、やろうとする気分がみなぎって血のたぎる動きが神経に伝わり、皮膚が刺激を受けるような感覚なのかもしれない。

第四章

喜怒哀楽を体感的に

歓喜

一口に「喜び」と言うけれど、「慶賀」あり「随喜」あり「満足感」あり「誇らしさ」あり「痛快さ」あり「恍惚感《こうこつ》」あり、簡単に一括できないさまざまな喜びの感情がある。

まずは、くすぐったい喜びの、はっとする描写から入ろう。檀一雄の『花筐』に「白い花がぼそぼそ散りかかってそれが肩の上に融けてしまいそうな美しいよろこび」という、それこそ融けてしまいかねない美しい表現が登場する。「白い花」という視覚的なイメージに「ぼそぼそ」「融ける」といった触覚的な刺激も加わり、しかも「よろこび」という感情に「美しい」という評価をくだした、多面的な比喩である。

武者小路実篤は『友情』で、「自然はどうしてこう美しいのだろう。空、海、日光、水、砂、松、美しすぎる」と書き、「かもめの飛び方のいかにも楽しそうなことよ」と自然讃美を続けたあとに、「人間にはどうしてこんなに深いよろこびが与えられているのだろう。まぶしいような。彼はそう思った」と展開する。喜びという感情を「まぶしい」という視覚的な表現で感覚的に描き出したくだりである。しかし、その直後に「自分のわきに杉子がいる」と臆面もなく続けるあたり、この

「まぶしい」ということばは心理的とも解釈できる。東京調布の広大な自宅を訪ねた折、自然そのままのこの作家に古代人を連想した。照れることなくこんな文章を書くことのできる人間の大きさに圧倒される。

李恢成の『伽倻子のために』には「ひくひくするような歓びをもとめて弱い者虐《いじ》めをしていた」という例が出てくる。「弱い者虐め」だから、派手に大喜びするわけにはいかない。悪いことをしていると自覚しながら、心ひそかにそれを楽しんでいる暗く湿った嬉《うれ》しさなのだろう。「ひくひく」という擬態語が、体が小刻みに揺れる内攻する感覚をほのめかす。同じ作品に出る「ひそかな歓びを感じる」という例も同質かもしれない。川端康成の『美しさと哀しみと』に出る「おののくようなよろこびを感じた」という例も、どこかこの「ひくひく」と感覚的につながるような気もする。

川端康成の『みずうみ』に「昨日（あとを）つけられたことで久子はその魔力を自覚し、むしろひそかな愉楽におののいているかもしれない」とある箇所も、あるいはそこにつながるのかもしれない。なお、大原富枝の『婉という女』に出てくる「陰湿な歓びをさえ感じた」という例も性質は似ているが、これはさほど感覚的な感情表現という響きは感じない。しかし、同じ作品に出てくる「体中がやさしく柔らかに、手足のはしばしまで、溶けてゆくような幸福感」という例のほうは、読者の触感となって伝わるような気がする。

津島佑子の『鳥の夢』には「恐怖がそのまま輝くような喜びを味わっていた」とある。喜びとは対極的な位置にある「恐怖」という感情が、その「恐怖」のままに「輝く」という矛盾を孕《はら》んだイメージの比喩表現である。ぞくぞくするような感覚なのだろうか。

川端康成は『眠れる美女』に「女に死んだように眠ったと言われた、そのよろこびの方が、若々しい楽音のように残った」と書いた。振動周期の不規則な「噪音《そうおん》」ではなく、規則的な「楽音」だから、心地よく響くのだろう。「喜び」という感情を聴覚でとらえた比喩の例である。

壺井栄は『二十四の瞳』に「もうあと二日で夏休みになるよろこびが、からだじゅうにしみこむような気がした」と書いている。これは感情を触覚的にとらえた皮膚感覚の比喩ということになるだろう。

藤枝静男の『犬の血』には、「不意に、突き上げるような喜びが信義の胸を貫いた」という箇所がある。「突き上げる」という感覚は体内に感じる衝撃だろうか。「喜び」という感情が「胸を貫いた」というとらえ方を含め、この例も読者の心に触覚的に響く。

川端康成の『みずうみ』に「銀平は燃えるような喜びを感じた」とある。恋愛感情と同様、この喜びの気持ちもそういういわば熱感覚で喩えられる傾向が強く、慣用化している。

獅子文六の『沙羅乙女』に「吹き零《こぼ》れるような悦びを、抑えることができない」という例が現れる。「吹き零れる」という動詞を用いているところから、喜びの感情を液体のイメージでとらえていることが想像できる。

舟橋聖一は『木石』に「無表情な追川初の顔面にも、その時は久しぶりに赤味がかった喜色が泛《うか》ぶ」と記している。喜びが顔の表情に現れたのだろうが、「赤味がかった喜色」と、感情を「赤味」

という色彩で視覚的に表現しているところに注目しよう。

川端康成の『禽獣』に「稲妻のように虚無の有難さに打たれた」とある例も、感情としては喜びに近い。「稲妻」の比喩だから、感情を光として視覚的にとらえた例である。

大江健三郎の『セヴンティーン』には、「体の内と外からひしめきあうように湧きおこっていた幸福感」という例が出てくる。「幸福感」という感情を、「ひしめく」と群衆のように扱った比喩だが、語源的には「ひしひし」という音がする意らしく、いずれにしろ抽象体を感覚的に表現したことになる。

幸田文の『おとうと』には「げんの得意になって勝ち誇った心はみしっと音をたてた」という例が現れる。「鼻をへし折る」という慣用句はあるが、ここも「勝ち誇った心」が折れるという意味合いなのだろう。作者はそこに「みしっ」という擬音語を添えて聴覚に訴え、感覚的な伝達効果を高めている。

吉行淳之介の『闇のなかの祝祭』に「奈々子の顔は、その奥に不意に明るい燈火《ともしび》が点ったようになる」という例が出てくる。喜びの気持ちがおのずと顔の表情となって現れるのだろう。「燈火」のイメージが働いて、感情が読者に視覚的に伝わる。

わだかまりが消えることを慣用的に「気持ちが晴れる」と言うように、すっきりとした気分になることを、空が晴れわたるイメージで伝える比喩的な表現は例が多い。宇野千代の『おはん』には「切ない胸の中が、もうからりと晴れるよな心持」とあり、森田たまの『続もめん随筆』にも「不意に雲が切れたように、からりとした」とあり、庄野潤三の『愛撫』にも「不意に胸の中のもやもやがすっ飛んで、冬の青空のように心が晴れるのを感じた」という心理描写が現れる。いずれも、すっきりとする感情を視覚的に伝える例である。

井伏鱒二『珍品堂主人』のクライマックスに入る、「すっと一陣の風が通りすぎたような感じでした。今までの殺気だった気持が吹き飛んで、苦笑が浮かぶ代りに、どうしたことか涙が込みあげて来るのでした」という一節は印象的だ。感情を肌で感じる例である。

島尾敏雄の『出発は遂に訪れず』に、「なぜか勇みたって、からだの細胞の一つ一つが雀躍《こおど》りしている充実を感じた」とある。勇み立つ気持ちを、体内の細胞が躍動する感覚で、いわば触覚的にとらえた心情表現である。

小沼丹の随筆『テレビについて』に、小沼の口利きで庄野潤三の自宅に初めてテレビというものが納入されると知った折、まだ幼かった長女の夏子さんは「笑うまいとしても自然に笑いそうになった」と父親に話したという。この一事をもってしても、いい家庭であることがわかると小沼は一編を結ぶのだが、しあわせというもののくすぐったい実感だろう。

憤怒

人間だれしも、怒ると興奮して血が頭に上り、かっと熱くなる。そのため、菊池寛の『恩を返す話』に「烈火の如く怒って」とあり、有島武郎の『或る女』に「葉子の心は火のように怒ってい た」とあり、嘉村礒多の『業苦』に「火のような激しい怒り」とあり、林房雄の『青年』にも「心のひけ目が、水のように胸を冷して怒りの火を消してしまった」とあるとおり、怒りの感情はごく自然に「火」のイメージで捉えられる傾向がある。

正宗白鳥が『牛部屋の臭い』に「男の顔を掻《か》きむしりたいほど怒りに燃えていた」と書き、豊島与志雄が『理想の女』に「彼女に対する怒りで燃え立っている」と書き、芹沢光治良が『ブルジョワ』に「一言でも口を開けば、怒りが燃え出しそうになった」と書き、高橋和巳が『悲の器』に「燃えあがるような怒りを私は覚えた」と書き、坂上弘が『初めの愛』に「急に彼は怒りに燃えた」と書いたのも、やはり「火」のイメージである。

菊池寛が『忠直卿行状記』に「忠直卿の眸《ひとみ》は、怒りに燃えていた」と書き、坂口安吾が『桜の森の満開の下』に「女の眼は怒りに燃えました」と書き、三浦哲郎は『忍ぶ川』に「私の胸はある怒りに燃えていたはずなのに」と書いて、燃える部位を限定する例もあるが、基本的に同じ発想に立っている。太宰治の『駆込み訴え』には、「むらむら憤怒の念が炎を挙げて噴出したのだ」とある。ここでは「炎」のイメージでとらえている。

怒りの感情は、また、体の内部で湧き、熱くたぎり、ぐらぐらと全身に広がり、時には外部に噴き出す、そんな体液のようなイメージで捉えられる例も多い。堀辰雄は『菜穂子』で「暗がりの中で急に誰に対してともつかない怒りのようなものを湧き上がらせていた」と書き、小島信夫も『小銃』で「こんこんと怒りがわきおこってきた。大矢班長にではなく、私をたぶらかし、射的から殺《さつ》戮《りく》にとすりかえたこの道具にたいしてであった」と書き、大岡昇平が『事件』に「不意になんとも言えない怒りが込み上げて来て、絶句してしまった」と書き、立原正秋が『冬の旅』に「怒りが噴きあげてきた」と書いたのも、おそらくそういうイメージなのだろう。吉行淳之介の『砂の上の植物群』に「軀《からだ》の中に突き上げてくるものを覚えた。憤怒に似た感情だ」という例も、その延長上にあるように思われる。

尾崎一雄は『擬態』に「私はじんじんと音を立てて湧き上る怒りを感じながら」と書いている。単に湧き上がるだけではなく、「じんじんと音を立てて」と、怒りの湧く音まで「じんじん」と擬音語で聴覚的に描き出す例である。

そんな液体は高温となれば当然「たぎる」ことになる。野間宏が『真空地帯』に「つみかさなった侮辱にたいするいかりは彼の身体のなかですぐさまたぎった」と書いたのは、そんなイメージなのだろう。森鷗外の『山椒大夫』に「臓腑が煮え返るようになって、獣めいた叫びが口から出ようとするのを、歯を食いしばってこらえた」とあり、井伏鱒二の『珍品堂主人』に「てめえ、どうして俺に煮えくり返るような思い、させたいんだ」とあり、太宰治の『ダス・ゲマイネ』に「腹綿は恚忿《いふん》と殺意のために煮えくりかえっているらしく眼がしらや言葉のはしばしが児蛇《じだ》の舌のようにちろちろ燃えあがっている」とあるのも似たようなイメージだろう。獅子文六の『沙羅乙女』に「腸《はらわた》の煮え返るような憤り」とある例も、そういう高温の感覚イメージである。

室生犀星が『幼年時代』に「私の怒りはまるで私の腹の底をぐらぐらさせた」と記したのも、「たぎる」の延長上にあると考えられる。芝木好子の『湯葉』に「胸が熱くなるほどの怒りを覚えながら、その写真に見入った」とあるのも同様だ。中里恒子の『日光室』では「胸が痛くなるほどの怒りを覚えだして」と、さらに感覚が強まる。芹沢光治良の『ブルジョワ』に「耐えられない怒りが心臓で唸《うな》った」とあるのも、それに近い感覚だろうか。石坂洋次郎の『若い人』に「内臓が慄《ふる》えるような烈しい怒りに駆られた」とあるのも同様だ。岩野泡鳴は『耽溺』に「薬罐《やかん》のくらくら煮立っているのが、吉弥の胸の中をすっかり譬《たと》えているよう」と、「煮立つ」とその高温を強調してみせた。

永井龍男の『そばやまで』には「癇癪《かんしゃく》の起るのを耐えていると、顔から体へ、汗の噴き出すことが屢々《しばしば》あった」とあり、怒りの感情がやはり熱い感覚でとらえられている。

井上靖は『猟銃』で「谷から吹き上げて来る野分《のわき》のように、襲って来たものは怒りでした」と、その激しさを「野分」に喩え、伊藤整は『馬喰《ばくろう》の果』で「怒りは激しい波のように彼の全身に拡って行った」と、今度は「激浪」のイメージで描いた。林芙美子の『晩菊』には「一瞬、凄《すさ》まじい怒りが眉のあたりを這《は》う」と、「怒り」という感情を「這う」と動物並みに扱う例が出てくる。読者の脳裏には「毛虫」のようなイメージが浮かぶかもしれない。

五木寛之は『夏の怖れ』で、「彼の表情には、何か獣的な怒りがギラギラ光っていた」と、「怒り」という感情を「光る」と視覚的にとらえ、しかも「ギラギラ」という擬態語でその光の映像をまぶしいまでに強調する。五木はまた、『白夜のオルフェ』で「怒りで目をギラギラ光らせながら」と書き、同じく「ギラギラ」というオノマトペで、眼の表情に現れた怒りを光らせる。

森鷗外の『青年』には「この不平は赫《かく》とした赤い怒りになって現れるか」というふうに、怒りという感情が「赤い」色で描いてある。火のように燃え上がるイメージから、この「赤」という色彩は容易に想像できる。が、遠藤周作の『海と毒薬』には「そうした白々とした空虚感が、時には突然黒い怒りに変ることがあった」と、「黒い」イメージが現れる。

新美南吉の『牛をつないだ椿の木』に「地主がかんかんにおこっている」とあるように、強い怒りは慣用的に「かんかん」という擬態語で表される例が多い。「かっかする」が頭に血が上って体が火照《ほて》るという感覚なのと呼応し、この「かんかん」も「かんかん照り」同様、血の上った状態が継続するようなイメージがあるかもしれない。

井伏鱒二の『集金旅行』に「こんな夜ふけに人を訪ねて来るのは失礼だとぷりぷり腹を立て」とあり、同じ作家の『本日休診』にも「産婆さん、ぷりぷり怒って帰っちまいました」とある。岡本かの子の『老妓抄』には「こどものようになって、ぷんぷん怒るのである」とあり、獅子文六の『自由学校』にも「若い娘は、プンプン、怒っていた」とある。この「ぷりぷり」や「ぷんぷん」

という擬態語は、怒りという心情が表情やしぐさとなって外面化して感覚的に認識できるようすを象徴しているのだろう。

　志賀直哉の『暗夜行路』に「謙作はわれながら露骨にむっとした」とある。円地文子の『妖』には「啓作はむっとして黙っていた」とあり、谷崎潤一郎の『猫と庄造と二人のおんな』には「一瞬間むっとした顔つきで鼻の孔《あな》をふくらました」とある。これらの「むっ」という擬態語も、突然、怒りや不快感をあらわにするさまを象徴する擬態語である。

　徳田秋声の『あらくれ』に「むらむらした母への反抗心を抑えながら」とあり、同じ作家の『爛《ただれ》』には「重苦しい自然の姿が、終《しま》いに胸をむかむかさせる」とある。志賀直哉の『流行感冒』にも「気がとがめている急所を妻が遠慮なくつっ突き出した。私は少しむかむかとした」とある。この「むかむか」は怒りが込み上げる際にも使うが、基本的には吐き気がするという生理的な現象だから、心理的というよりも感覚的な表現として響く。幸田文は『おとうと』で「むかむかっとむちゃくちゃになった」と強調して使った。

　林房雄の『青年』には「さっきから抑えつけていた怒りを吐き出すかのように叫んだ」という例が出てくる。徳永直の『太陽のない街』に「とうとう爆発したように怒鳴った」とあり、立野信之の『軍隊病』には「隊長は爆発した」とあって、「分隊長は何を考えとるかッ！」と続く。最高潮に達した火のような怒りは、癇癪玉《かんしゃくだま》の破裂するように「爆発」するほかはない。

　そんな中に、こんな内攻的な怒りがかえって不気味だ。上林暁の『聖ヨハネ病院にて』に「妻がぷすんとした仏頂面をして、黙って、何んとも言わないで坐っている」とあるのは、そんな一例だろう。同じ作家の『極楽寺門前』にも、やはりこの表現が現れる。「私」が妹と外出し、新宿で冷えた西瓜《すいか》を買って、それを土産に「意気揚々と」帰宅する場面だ。さらに冷やして切り、食べるように勧めても、妻の「珠子は見向きもしなかった」とあり、そのあとに「ぷすんと黙ったきりだった」と続く。そして、「腹の底には、さっきの不興がいぶりつづけているんだな」、「前より今の方が、不興が募っていた」、「腹を立てていた」、「嫉妬の感情が、きざして来た」と連呼し、「折角の西瓜も味がなかった」と一節を結ぶ。

「ぷすんと」という擬態語の働きに注目したい。不機嫌なようすを表すには、「ぶすっとしたまま」、あるいは、「ぶすりとして口も利かない」とでも表現するほうが慣用的で、落ち着いた感じになるかもしれない。しかし、この独創的な「ぷすん」には、それ以上に、ことばの途切れた感じがよく出ているような気がする。そこにはいわば発見的な認識が見られるのだ。

悲哀

林芙美子は『放浪記』に「悲しいような動悸《どうき》を聞いた」と書き、「悩ましい胸の哀れなひびきの中に、しばし私はうっとりとしていた」と続けたあと、「切ない悲しさだ」と説く。人体器官の音や動きの感覚に「悲しみ」という心情を思うのだ。同じ作家が『女性神髄』では、「ひどい風の音を聞くと、みぞおちのなかに酢のたまるような悲しさに苦しめられて」と書いている。聴覚現象から嗅覚や味覚が刺激されるというよりも、体内に何かがつかえるような感覚となり、それが悲しみという感情を呼び出すのだろうか。また、『風琴と魚の町』では「胸に塩が埋ったようで悲しかった」と書いている。この「塩」も味覚というよりは、胸に何かがつかえて、すうっと通らない、むしろ触覚的な不快感なのだろう。

太宰治は『女生徒』で「五月のキウリの青味には、胸がカラッポになるような、うずくような、くすぐったいような悲しさが在る」と、視覚と触覚をないまぜながら悲しみという感情を感覚的にとらえる、独特の感性を発揮する。

小林秀雄は『モオツァルト』で「その悲しさは、透明な冷い水の様に、僕の乾いた喉《のど》をうるおし」と書き、「悲しさ」という感情を液体のイメージで表現してみせた。上林暁が『聖ヨハネ病院にて』に「今はもう怒りを忘れ、唯しんしんと湧く悲しみを抱いて、僕は小径《こみち》を歩いた」と書いたのもそういうイメージだし、幸田文が『おとうと』に「悲しさがほとばしっていた」と書いたのも同様だ。高橋和巳の『悲の器』に「充分すぎる悲哀が、私の胸のうちに川の流れのように流れつづけていた」とあるのも、芝木好子の『隅田川』に「水のような悲哀が心をひったり浸してくるのであった」とあるのも、感情を液体のイメージでとらえた比喩である。「ひったり」はオノマトペだろうか。ともあれ、たしかに「感情の流れ」という慣用表現もあるから、ごく自然な発想であるような気もする。

難解な悲しみもある。川端康成の『死体紹介人』に「桃色の煉歯磨《ねりはみがき》のように滑らかな厚化粧の頬――それは朝らしい悲しみであった」という箇所が現れる。横光利一と並ぶ新感覚派の旗手であったこの作家の、「朝らしい」の時間性と「悲しみ」という心情との思いがけない結びつきに、読者ははっとする。

永井荷風は『歓楽』で「悲哀」を「酒」に喩え、「楽しい青春の夢をなお楽しく強く味わわせる」と、その効果を指摘した。谷崎潤一郎の『細雪』に「それは悲しみには違いなかったが、一つの美しいものが地上から去って行くのを惜しむような、いわば個人的関係を離れた、一方に音楽的な快さを伴う悲しみであった」という一節が出てくる。「悲しみ」という感情を聴覚的な快感としてとらえた例と言えるだろう。

太宰治の『ダス・ゲマイネ』には「自分の手塩にかけた作品を市場にさらしたあとの突き刺されるような悲しみ」という例が出てくる。感情を触覚的な比喩でとらえている。嘉村礒多の『業苦』に「針を呑《の》むような呵責《かしゃく》の哀しみを繰り返す」とあるのも同様である。梶井基次郎の『冬の日』に現れる「突然匕首《あいくち》のような悲しみが心に触れた」という例も、「匕首」という比喩が読者のそういう連想を誘うだろう。幸田文の『おとうと』に出てくる「いまここに極まった悲しみが、げんの胸にびんびん響いた」という例でも、「びんびん」というオノマトペが体内の触覚を刺激するにちがいない。「きゅうんと胸がしめつけられるような悲しみを覚えた」という菊村到『硫黄島』の例も、読者には息苦しい例である。

外村繁の『夢幻泡影』には「エレベーターなどの急降下するとき、三半規管の中を内淋巴《ないりんぱ》が急に揺れ動く、あの感覚にも似て、不意にきゅっと胸を絞るような、哀しみの湧き方である」という比喩表現が出てくる。体の内側に感じる触覚的な連想だ。同じ作品に「ただ青みだつような哀しみだった。そんな哀しみが、次ぎから次ぎへ、涙となって溢《あふ》れて来る」という例も現れる。「青みだつ」は色彩面のイメージでとらえた比喩だが、哀しみの感情を「涙」という実体に置換した発想である。やはり同じ作品に「ああと思ううちに、哀しみは涙となって溢れ出た」という例も出てくる。

林芙美子の『晩菊』に「男の思い出に心が煙たくむせて来る」という表現が出てくるが、煙が眼や鼻や咽喉《のど》を刺激して苦しい、あの「煙い」という感覚は生理的に涙を誘いだす。この作家もそのあとに「思い出す男の別れ方によって涙の出て来るような人もあった」と続けている。

川端康成は『山の音』で「はっきり手を出して妻の体に触れるのは、もういびきをとめる時くらいかと、信吾は思うと、底の抜けたようなあわれみを感じた」と書いている。この「底の抜けた」という比喩も、視覚的なイメージというより、どっと感じる、むしろ突き落とされたような触覚的に感じる頼りなさを思わせる。

その川端は『反橋』で「凍りつくようなさびしさ」と書いた。宮本百合子は『伸子』に「隙間風のような寂しさ」と書く。林芙美子は『浮雲』に「淋《さび》しさのみが、しいんと、濡れ手拭のように、額に重くかぶさってくる」と書き、読者をまさに触覚的に揺さぶる。同じ作品で「淋しさや、孤独が、軀《からだ》の芯にまで喰《く》い込んで来た」とも書き、読者の触覚を強く揺さぶる。幸田文は『おとうと』に「しみ入るような寂しさ、泣く気も起きない寂しさだった」と書き、「どっと来る寂しさに逆らって、強情を張りたい」とも書いた。

「喜び」は温かい感情であり、「怒り」は火のような熱いイメージを喚《よ》び起こす感情であるとすれば、この「悲しみ」の感情は冷ややかなイメージとつながる傾向がありそうだ。島尾敏雄の『出発は終《つい》に訪れず』に「悲哀は精神をすっぽり包んでいた」とあるあたりも、冷ややかな触感だろう。田宮虎彦の『荒海』にある「地の底にめいりこむような淋しさが厚い氷のように身体も心も冷たく凍りつかせるのを感じた」という表現はその象徴的な例のように思われる。

室生犀星は『幼年時代』に「自分の親しいものが、この世界から奪《と》られて行くのを感じた。しまいに魂までが裸にされるような寒さを今は自分のすべての感覚にさえかんじていた」と書いている。底深い悲哀に裸の感覚が震えているような書き方ではないか。石坂洋次郎の『颱風《たいふう》』に出る「自分のわきに急に空洞でもうがたれたような、ガランとした寂しさ」といった例にも、ひやりとした感触がある。福永武彦は『草の花』にずばり「氷のような孤独」と書き、林芙美子も『下町』に「長い間の閉じこめられた人間の孤独が、笛のようにひゅうと鳴るような気がしてくる」と書いている。中野重治が『歌のわかれ』に「背骨のなかの孔《あな》がつめたくなるような気持ち」と記し、石原慎太郎が『行為と死』に「体の内を風が吹き抜けるように、空虚さが通った」と書いたのも、悲哀という感情にしみついた、冷ややかな触感だったように思われる。

奥深い根源的な人間の孤独感、底知れぬ悲哀にさりげなくふれた夏目漱石の『吾輩は猫である』の一節を思い起こして、素知らぬ顔でこの項を結ぼう。猫の「吾輩」が優雅な足取りで金田家の探索を終えてわが家に戻ると、珍野家に集まって愚にもつかぬおしゃべりに時間を浪費していた連中はまだ立ち去らず、「巻烟草《まきたばこ》の吸い殻を蜂の巣の如《ごと》く火鉢の中へ突き立てて、大胡坐《おおあぐら》で」まだ駄弁を弄している。やがて秋の日も暮れて、世の中で具体的に役立たぬ「太平の逸民」たちもようやく帰り、「巻烟草の死骸が算を乱す火鉢」の火も消えている。漱石は猫の手を借りて、さらりと、「呑《のん》気《き》と見える人々も、心の底を叩《たた》いて見ると、どこか悲しい音がする」と記した。人間という生きものが必ず抱えている、人生の哀しみ。そういう感情を、漱石は「悲しい音」と感覚化して、読者の耳もとに届けるのだ。

恐怖

森鷗外は『寒山拾得』に「その音が寂寞《せきばく》を破ってざわざわと鳴ると、閭《りょ》は髪の毛の根を締めつけられるように感じて、全身の肌に粟《あわ》を生じた」と書いた。怖いという心情を、毛髪の付け根と肌に生じた触感として記した例である。

徳永直の『太陽のない街』に「スーッと、神経が、一つところに凝結したような気味悪さを感じた」とある。体中の神経が動きを止めたような感覚として、気味悪さを描き出した例である。梅崎春生は『桜島』に「血も凍るような不気味な時間が過ぎた」と書いている。不気味に思う気持ちを「血も凍る」と感覚的に誇張してとらえた比喩表現である。

新美南吉の『病む子の祭』に「あたし、こわいわ、花火なんて。みぞおちのとこがどきんどきんするわ」とある。これもまた、恐怖感を体内の触覚でとらえた表現と考えられる。李恢成の『伽倻子のために』に現れる「心に疼《うず》く不安」という例でも、ずきんずきんと痛む意の「疼く」という動詞が、やはり触覚的なイメージを運んでくる。

北杜夫の『天井裏の子供たち』に「まだ果していないおきてへの責めと怖れが、ちくちくと胸を刺した」というくだりがある。これも恐怖感を「胸を刺す」と触覚的な比喩でとらえ、「ちくちく」という擬態語まで添えて感覚化を強めている。安岡章太郎の『海辺の光景』に「なぜともわからない不安にギクリと胸を突かれる思いがする」とあるのも、怖れの気持ちを胸のあたりの触感としてとらえた表現である。

同じ作品に、「一瞬血の逆流するような恐怖をおぼえた」という箇所もある。木山捷平の『河骨《こうほね》』にも、「身内の血が一時に逆流する恐怖」という表現が出てくる。どちらも、「血の逆流」という想像上の触感を導入して、恐怖感を強調した例である。林芙美子は『耳輪のついた馬』に「落ちつかない不安が、創口《きずぐち》の血のように滲《にじ》み出して来た」と書いている。ここは逆流するイメージではないが、不安感から「血流」を連想する点で、発想に共通性が認められるだろう。

堀田善衛は『鬼無鬼島』に「その恐怖のかたちをあらわに眼で見るとなれば」と前置きし、「生温く血まみれな、ぐにゃりとしたもの」と述べている。「生温かい」という温度感覚に、「血まみれ」という視覚、「ぐにゃり」という擬態語の表す触覚的な表現を総動員して、恐怖という感情を多角的に感覚化することでユニークな感覚表現を試作している。

中村真一郎の『遠隔感応』に「想《おも》い出が、今まで忘れていた死の恐怖を逆にかえってやけどのように痛く肌に貼りつけてくるのを感じる」とある。「やけど」のイメージに置換した比喩だが、特に「痛く肌に貼りつけて」という表現によって、恐怖感という感情を触覚的にとらえた例となっている。

庄野潤三の『相客』に、「こっちは普通の人間やないんやからな」と刑事に言われて、「私はひやりとした」という場面が出てくる。こんなふうに、危ないめに遭うと誰でも「ひやり」とする。その「ひやり」という語は、ふつう冷たい感覚について使うが、恐怖感や不安感で背中に冷たいものが走ったように感じるから、おそらくこの感覚は偶然ではない。

石坂洋次郎が『山のかなたに』で「氷を胸に当てられたようにヒヤリとしたよ」と書いた例など、そういう融合した感覚を思わせる。古く国木田独歩が『牛肉と馬鈴薯《ばれいしょ》』に「頭から冷水をかけられたように感じて、そこに突っ立ってしまいました」と書き、永井龍男も『枯芝』に「水を浴びせられたような恐怖に襲われた」と書いているとおりである。安部公房の『他人の顔』に「刻々水位を増しはじめた不安の洪水」とあるように、恐れも度が増すと、「洪水」という大量の水のイメージを呼び込む。

辻邦生の『空の王座』に「重い黒ずんだ不安が、私の胸の奥に、じっと澱《よど》んでいる」という箇所が出てくる。「澱む」とあるから、ここも「不安」という心情を液体のイメージでとらえた例であり、「黒ずんだ」と色彩まで添えて、表現の感覚性を強めてみせた。高橋和巳の『悲の器』には「靄《もや》のように広がる不安が、あらがいがたい一つの想念にかたまるのを意識した」と、液体ではないが水蒸気である「靄」のイメージで感覚化した例が見られる。

川端康成が『山の音』で、山の音とでも言うべきものが聞こえた気がして「死期を告知されたのではないかと寒けがした」と書いた例も、驚きと恐怖の融合した感情を「寒け」と温度感覚でとらえている。内田百閒が『サラサーテの盤』で「総身の毛が一本立ちになる様な気がした」と書いたのも、驚きと怖《おそ》れとの融合した感情なのだろう。

梶井基次郎は『或る崖上《がけうえ》の感情』で「薄い刃物で背を撫《な》でられるような戦慄」と書いている。背中に刃物をあてられたひやりとする触感をイメージとして、恐怖感を描いた例である。金井美恵子は『夢の時間』で「気味の悪い白骨体を見つけて、声も出ず立ちすくんでしまう」という恐怖感を、「心臓がのどのところまで躍りあがった感じ」と、体内の触感を想像して比喩のイメージとした。程度は違うが、「心配が、重く心にのしかかってきた」という新美南吉『川』の例も、気持ちを重量感としてとらえた点に、共通の発想がうかがわれる。

それにしても、幸田文が『おとうと』で「橋の見える処《ところ》まで来ると、どさっと不安になった」と書いた、この作家らしい斬新なオノマトペは印象に残る。「不安」という感情を、「どさっと」という擬態語で扱うことで、まるで重い荷物でも落ちて来たようなイメージが浮かび、読者に感覚的に伝わる結果となるからである。

羞恥

二葉亭四迷は『平凡』に「家の横町の角迄《まで》来て擽《くすぐっ》たいような心持になって」と書いている。小島信夫の『アメリカン・スクール』にも「自分が英語を教えている時、会話が出てくるとくすぐったいような恥かしい気持になった」という一文が出てくる。この「恥ずかしい」という感情は、たしかに「くすぐったい」という感覚と通い合うような気がする。

安岡章太郎は『海辺の光景』で「内股にヒリヒリしみながら小便が流れおちて行くのを我慢するような恥ずかしさ」と書いた。同じ作品に「ヒリヒリと痛いような恥ずかしさ」とも記している。どちらの例にも「ヒリヒリ」という擬態語があるように、恥辱という感情を安岡は明らかに、肌にしみる皮膚感覚で感触としてとらえたことになる。

伊藤左千夫の『野菊の墓』には、「何となく極《きま》りわるそうに、まぶしい様な風で急いで通り過ぎて終《しま》う」という箇所が出てくる。「きまりが悪い」という心理状態を、「まぶしい」という光の感覚で視覚的にとらえたことになる。もっとも、ここは、その人間が目を細めるなり、眩《まぶ》しいときにする表情を見せたのかもしれない。しかし、永井龍男は『狐』と題する作品に、「何もかも眩しい気分であった」と記している。こうなると、単なる表情の類似ではなくなる。面映《おもはゆ》い感情を、光を浴びた感覚に置き換えた表現と解釈するのが妥当だろう。

夏目漱石は『道草』で、「顔から火の出るような思い」と書いている。人間は恥ずかしいときに顔に血が上るのか、顔面が紅潮していくぶん熱っぽく感じる傾向がある。そのため、恥ずかしさという感情の表現には、このような「火」のイメージを導入する比喩的な表現がしばしば用いられるのだろう。

川端康成は『千羽鶴』で、ヒロインの一人である太田文子について、「その恥じらいがぱっと咲いたようであった」と書いてみせた。この小説で視点人物として機能する、主人公三谷菊治が、その女性の恥ずかしい感情の表れ方にはっと惹《ひ》かれ、花の咲くイメージでとらえた比喩表現である。同じ作品の別の箇所には、恥じらいの咲くこの文子を、「姿全体にふと本能的な羞恥が現われた」と記し、「菊治は思いがけなかった。令嬢の体温のように感じた」と、今度は視覚的にではなく、温度感覚という触覚的なイメージに跳んで、皮膚感覚でその感動を書き留めている。

吉行淳之介は『砂の上の植物群』に「火照った顔に、はじらいが掠《かす》めた」と書いた。「火照る」という熱っぽい感覚に、「掠《かす》める」という視覚的な動きを点じてみせた例である。

岡本かの子も『東海道五十三次』に「初恋の話をするように身の内の熱くなるのを感じて来た」

と書いている。面映《おもはゆ》い心情を、実際に体の火照る感覚として描き出した例だろう。

最後に、いささか不気味な例を紹介して、この項を閉じたい。まず一つは、安部公房が『他人の顔』に書いている「恥辱の蕁麻疹《じんましん》で、水死人のようにぶよぶよになってしまった」という例である。深い「恥辱」を感じたせいで単に皮膚が赤くなるだけでなく、肌の表面に赤いボツボツが現れ、まるで張りのない「ぶよぶよ」の肌と化したというイメージだろうか。大江健三郎も『セヴンティーン』に、「恥辱で眼もくらみ哀れっぽく、ぎこちなく怯《おび》え、ぶくぶく肥り、臭い汁をだしていまにも腐ってしまいそう」と書いた。ここにも「ぶくぶく肥り」とあるのが、注目される。それだけではなく、「臭い汁」という嗅覚にまで比喩的イメージを広げた。「腐ってしまう」という妄想は、あるいは、公房の「ぶよぶよ」と連想がつながるのかもしれない。いずれにせよ、これらの表現に出合った読者は、もうどうにもならない気分に誘いこまれることだろう。

恋情

「怒り」や「恥ずかしさ」の感情と同様、この「好き」という感情も、たがいに熱く燃えあがる男女間の愛となれば、やはり「火」のイメージがぴったりなのだろう。有島武郎が『或る女』に「火のように何物をも焼き尽して燃え上った仮初《かりそ》めの熱情」と書いているのは、そのほんの一例にすぎない。

永井龍男は『冬の日』のラストシーンに、「激しい情欲が迫り、煮えたぎる太陽の中へ、遮二無《しやにむ》二躍り込んで行く体を感じた」と、中年を過ぎた女の昂《たかぶ》りを描いた。

一方、高見順は『如何《いか》なる星の下に』で、「慕情がフワフワと空に浮いている雲か霞《かすみ》かのような捕捉しがたい状態」と書いている。ここでは「雲」や「霞」という水蒸気のかたまりをイメージとした比喩表現だが、「熱情」でなく「慕情」という恋い慕う「ふわふわ」した気分だからだろう。

林芙美子は『魚の序文』で、「結婚して苔《こけ》に湧く水のような愛情を、僕達夫婦は言わず語らず感じあっていた」と書いている。ここでは「苔に湧く水」という、やはり水分のイメージで比喩に仕立てている。

井上靖の『猟銃』には、「あの悲しい花ビラのようなおじさまと母さんの愛情」と、「愛情」という気持ちのありようを、「花びら」というイメージで眼に映る存在として視覚的にとらえた例が出てくる。

室生犀星は『杏っ子』で、「女の人の心にはいつもピアノのような音色がある」という聴覚的なイメージを持ち込み、「愛情だってピアノが鳴るようなものじゃないか」と、「愛情」という精神的な存在を、「ピアノが鳴る」という聴覚的なイメージに仮託して、読者の耳に届ける。

また、外村繁は『夢幻泡影』で、「懐かしい襁褓《むつき》の臭いのような愛情が、胸を鳴らして湧き起こった」というふうに、「愛情」という気持ちのありようを、「おむつの臭い」という嗅覚的な存在に喩えてみせた。

一方、新感覚派の旗手であった横光利一は、『花園の思想』で、「愛は都会の優れた医院から抜擢《ばってき》された看護婦達の清浄な白衣の中に五月の微風《そよかぜ》のように流れていた」と書き残した。「愛」という感情を、「微風」という空気の流れに喩え、読者に皮膚感覚で伝えようと試みている。

太宰治が『斜陽』に「或るひとが恋いしくて、恋いしくて」と書き、その感触を「両足の裏に熱いお灸《きゅう》を据え、じっとこらえているような」というふうに「熱いお灸」のイメージで読者の触覚的な記憶を喚《よ》び起こし、「特殊な気持になって行った」と続ける。

そうかと思うと、室生犀星は『杏っ子』で、「恋愛はびいるす菌みたいなものだから、いつの間にしていたのやら、終ったのやら判《わか》らないのが本物なのよ」というせりふを読者に突きつけ、思いもかけない「ウイルス」のイメージで、「恋愛」をはしかやインフルエンザ並みに扱ってみせた。

吉行淳之介は『砂の上の植物群』で、異性に心惹《ひ》かれる感情の動きを、「その眼の中に吸い寄せられ、引き込まれる心持」と感覚的なイメージに置換して説く。

瀧井孝作は『無限抱擁』で、「樹木か何か揺さぶられているような」自分の心持ちを語り、仲間に「それが恋だろうね」と指摘される場面を描いた。恋という心の動きを、「樹木に揺さぶられる」感覚として、読者の触覚に訴えるのである。

井伏鱒二の『珍品堂主人』に、「そいつが美貌を鼻にかけたようなつらをして、洒々《しゃあしゃあ》しているのを見ると虫酸が走るんだ」という箇所が出てくる。「虫酸が走る」は、胃酸が逆流して口の中が酸っぱく感じられる生理的現象だから、気に食わないと思う気持ちを味覚的に表現した例ということになる。

石坂洋次郎の『若い人』には、「口の中に塩をつめこまれたようなギシギシした不快な気分」という一節がある。不快な気持ちを「塩をつめこまれた」というイメージで、味覚的・触覚的な比喩表現とした例と言える。立原正秋は『冬の旅』に「後悔はなかったが、為体《えたい》の知れない苦いものがこみあげてきた」と書いた。ここでは、「苦い」という味覚的な表現で、不快な気持ちを伝えようとしている。

夏目漱石は『こころ』に「今迄《まで》快よく流れていた心臓の潮流を一寸《ちょっと》鈍らせた」と書いている。この例では、不快な気分を、血の流れが鈍るという生理的な変化を感じるイメージで比喩的に描いていることになりそうだ。

森鷗外は『青年』で、「肌の粟立《あわだ》つのを感じた」と書き、古井由吉は『杳子』に「自分みたいな人間がもう一人、どこかを歩いているのを思い浮べると、鳥肌が立つ」と表現している。どちらも不快感を皮膚の変化として触覚的にとらえた表現である。

川端康成は『千羽鶴』で、「むかむかする嫌悪のなかに、稲村令嬢の姿が一すじの光のようにきらめいた」と書いてみせた。「嫌悪」という強い不快感を「むかむか」という吐き気を感じる感覚としてとらえ、それを救う女性の姿を「光」のイメージで描き出した。

三島由紀夫は『金閣寺』で、「背筋を硬《こわ》ばらせて、母を憎んでいた」と書いている。この例は、憎しみという感情を、「背筋を強張《こわば》らせる」という触覚とともに描いている。島尾敏雄が『出発は終に訪れず』に書いた「やりばのない不満が、からだの中をかけめぐる」という表現も、「不満」という心の在り方を、体内の感覚として意識した例だろう。

石坂洋次郎は『若い人』に、「未練が線香の煙のように糸を曳《ひ》いて断《き》れなかった」と書いている。「未練」という感情を、「線香の煙」のイメージで視覚的にとらえた比喩で描き、さらに、「断れる」という「糸」のイメージで物質的に描き出した例と言えよう。

谷崎潤一郎が『卍《まんじ》』に「口惜《くや》しいて口惜しいて、夫や家の者たちにぷんぷん当り散らしました」と書いた例は、格別、感覚的な表現というわけではないが、「ぷんぷん」という擬態語に、荒い鼻息を感じる鋭敏な読者もあるかもしれない。

有島武郎が『或る女』に「焼くような嫉妬が葉子の胸の中に堅く凝《こび》りついて来た」という例は、「こびりつく」と書くことによって、固くくっついて容易に離れないという物質的な印象を強め、「嫉妬」の情を触覚的に印象づける。三浦哲郎が『団欒《だんらん》』で「全身に火の棒をつめこまれるような思いを味わい」と書いた例も、温度感覚を含む触覚的な表現である。

川端康成は『千羽鶴』で、三谷菊治の視点から、栗本ちか子について「彼女自身の地底の嫉妬が噴火したかのようであった」と大仰な比喩を展開した。「嫉妬」という心情をあたかもマグマのようにとらえ、その活動を「噴火」というイメージで活性化した例である。

林芙美子は『骨』に、「肌にトゲを刺されたようなたまらない嫉妬を感じた」と書いている。これも嫉妬の情だが、その心理現象を、ここでは肌にトゲの刺さる触覚的な刺激として、まさにちくりと読者の神経にふれる。

森田たまは『続もめん随筆』で、「嫉妬はまるで女の皮膚のようなもので、あらゆる女は子供の時からそれをみがきたてながら成長する」と一般化し、心理を触覚的にとらえた。

太宰治は『駈《かけ》込み訴え』に、「胸を掻《か》きむしりたいほど、口惜《くや》しかったのです」と書いている。ここは嫉妬というより、広く「口惜しい」気持ちの甚だしさを皮膚感覚でとらえた例だが、やはり「胸を掻きむしる」という触覚的な刺激で活性化して描いている。

安岡章太郎が『海辺の光景』に「後悔が胸を咬《か》みはじめる」と書いた例も、「後悔」という心理現象を、「胸を咬む」という触覚的なイメージでとらえ直した比喩表現である。

古く夏目漱石は最後の作品『明暗』の中で、「胸の奥で地団太を踏んだ」と書いている。この例は「胸の奥で」とあるから実際には心に受ける感じなのだが、口惜しさのあまり激しく足を踏み鳴らすというイメージが、読者の聴覚だけでなくその触覚をも刺激する。

平林たい子は『施療室にて』に「恐ろしい憂鬱が額にかぶさっているのを感じた」と書いた。

「憂鬱」という気持ちの在りようを、「額にかぶさる」と髪の垂れ下がる鬱陶しさというイメージでとらえた。読者にはやはり触覚的な不快感を思い起こさせるにちがいない。

島尾敏雄は『われ深きふちより』に「視野の隅から墨汁を流し込んだような暗さが、重く圧《お》しつけて来る」と書いている。「墨汁」という比喩的イメージはたしかに「暗さ」という視覚的な連想を喚び起こすが、それが「重く圧しつける」と続けることによって、同時に触覚的な圧迫感をも伴って読者に迫ってくるような気がする。

かつて夏目漱石が『こころ』に「私の心は沈鬱でした。鉛を呑《の》んだように重苦しく」と書き、有島武郎が『或る女』に「腰の後ろの方に冷たい石でも釣り下げてあるような、重苦しい気分」と書いた例も、「沈鬱な気分」という心理状態を、それぞれ「鉛を呑む」、「腰に石を釣り下げる」という比喩的なイメージによって読者の触覚を刺激するだろう。

林芙美子が『放浪記』で「男に食わしてもらう事は、泥をかんでいるよりも辛い」と書いた例では、食物ではない「泥を嚙《か》む」というイメージが、味覚というよりも触覚的な不快感を思わせる。李恢成が『伽倻子のために』に「全身の皮膚をなめくじが這《は》っていくような遣瀬《やるせ》ない気分」という例などは、まさに皮膚感覚の比喩表現である。

堀辰雄の『美しい村』にある「その別荘が近づいて来るにつれ、私はますます心臓をしめつけられるような息苦しさを覚えた」という例も、「心臓を締めつける」という圧迫感として、読者の触覚的な息苦しさを思い出させることだろう。

小島信夫が『アメリカン・スクール』に「釜の中で煮られるような思いですごした」と書いた例や、開高健が『裸の王様』に「傷口をつつきまわされ、酸をそそがれたような気持」と書いた例なども、「煮られる」、「傷口に酸を注ぐ」というイメージが、読者の触覚を強烈に刺激することだろう。

川端康成の小説『眠れる美女』は、薬で眠らされている若い女に添い寝し、体に触れもせずに一夜を過ごす、そんな老人専用の会員制の高級娼家の物語である。その秘密の部屋で、ある夜、ふと男を襲った感情、自身の内面に向かう、何とも言えないある「むなしさ」を、作者はこう記した。「かなしさとかさびしさとかいうよりも、老年の凍りつくようななさけなさであった」というのである。底知れぬ情けなさという、果てしない虚《むな》しさを、この作家は「凍りつく」という、凍《こご》えるような感覚に転換した比喩で語った絶品である。

興奮

佐多稲子は『くれない』で「自分の身体の内にひそむもののために弾けてゆきそうな焦燥を覚える」と書いている。「焦り」という心の波立ちを、自分自身が「はじける」ような感覚として描いた例である。

小川国夫は『エリコへ下る道』で、「段々血の気を失った。彼の顔や頸《くび》の辺は灰色になって行くので、肉が腐って行くように見えた」と対象を主観的に描いたあと、そのようすを見て「下腹に泥水が湧き上って来るような、焦燥感を覚えていた」と続けている。焦りという心理状態を「下腹に泥水が湧き上る」という体内の触感として感覚的に伝える表現だ。

石坂洋次郎は『若い人』で「目の奥に綿毛がひっかかったような落ちつかない気持」と書いてみせた。落ち着かない気持ちを、「目の奥に綿毛がひっかかる」と喩え、そういう触感として読者に伝える例である。

永井龍男が『しりとりあそび』に「その申訳《もうしわけ》を、いつ切り出したらいいかと思って、さっきからモゾモゾしていたんですわ」と書いた例も、「苛立《いらだ》ち」という精神状態を、「もぞもぞ」という触覚的な刺激で伝える表現である。

高橋和巳は『悲の器』で「内臓を内側から噛《か》まれるようないらだち」と書き、金井美恵子は『奇妙な花嫁』に「背中に走る神経の束を逆撫《さかな》でされたような、見たくもないものを見てしまったような苛立ちを感じた」と書いてみせた。どちらの例も、「苛立ち」という心理状態を、それぞれ「内臓を噛まれる」「神経を逆撫でされる」という触覚的な刺激に転換して、読者の感覚を刺激する例である。

一方、中山義秀は『厚物咲』に「苛々《いらいら》させられた胸の濁りが容易に澄まない」と書いている。これも「苛立つ気持ち」だが、ここではそれを「濁りが澄む」という視覚的な変化に置き換えて表現している。

また、網野菊は『妻たち』に「ウメの心は、風に吹きまくられる一枚の木の葉のようにゆれた」と書いている。これも視覚的な現象に喩えた例に見えるが、自身の気持ちを「木の葉」に重ね、「吹きまくられる」という受身で表現した点を重く見れば、皮膚感覚の触覚的なとらえ方と解釈することもできるかもしれない。

古く夏目漱石は『明暗』で「心臓は、合図の警鐘のように、どきんと打った」と書き、後年、佐多稲子は『くれない』に「明子の感情は始終、ヒステリックな高音を保ちつづけていた」と書いている。どちらも「音」という聴覚的な比喩表現である点で共通する。ただし、前者の「どきん」は聴覚的な映像であるにとどまらず、胸に響く触覚的な衝撃をも併せ持つような気がしてならない。

林芙美子は『うずしお』に「かあっと血の匂うような闘いの気持が起きた」と書いた。相手と闘う気持ちを、「血の匂うような」と、嗅覚的なイメージに置き換え、そこに「かあっと」という擬態語を加えて、頭に血が上って体が熱くなる感覚を意識させ、読者に感覚的に伝えようとする。

興奮といっても、苛立《いらだ》ちや闘争心だけではない。好ましい衝撃もある。感動はその一つだ。山本周五郎は『花筵《はなむしろ》』で、「総身のひきつるような激しい感動」と書いている。全身が痙攣《けいれん》を起こすほどの「激しい感動」だ。筋肉が強張るという触覚的なイメージの誇張表現と見られる。

井伏鱒二の『珍品堂主人』には、「来宮は肩で息をしながら見ているばかりでした。くたくたになるほど感心していたのです」というくだりがある。登場人物の「来宮」は骨董《こっとう》好きの大学教授。

一九七五年の十二月十三日、筑摩書房の雑誌の企画で、東京杉並区清水町の井伏邸を訪問した折、この作品に出てくる「骨董は女に似ている」という論法はどこから出た発想かと作者自身に問い、「ご自分の体験とか……」と水を向けると、この作家は即座に「あれは小林秀雄の論ですよ。骨董も女も惚《ほ》れてない人には一文の価値もない。惚れてるから夢中になる。彼、夢中だったからね」と舞台裏を語った。「どっちにですか」ととぼけると、「骨董のほうに」と生真面目に応じ、「小林君は昔、茶碗が欲しくて家を売ったり。それから刀の鍔《つば》に凝って、鍔は人間の象徴だとか一生懸命理屈つけて、方々に鍔を見に行く。今は勾玉《まがたま》かな」と話は尽きない。

その小林が「来宮」のモデルだとのこと。「肩で息をする」とか「くたくたになるほど感心して」とかと、ここでも感動という精神的な状態を、そういう肉体的な変化として、この作家は感覚的に表現しているのである。

越後湯沢のあたりを舞台にした小説、川端康成の『雪国』にこんな場面がある。主人公の島村は、「急傾斜の山腹の頂上近く、一面に咲き乱れて銀色に光っている」白い萱《かや》の花に目を奪われる。「それは山に降りそそぐ秋の日光そのもののようで」と書いたあと、新感覚派時代の影響の残る当時の川端は、「ああと彼は感情を染められたのだった」と続けた。銀白色に光る花の広がりを「秋の日光」というイメージでとらえ、「感情」という名詞と「染める」という動詞との異例の結合を試みた、「感情を染められる」という斬新な比喩によって、その心地よい感動を、色彩の変化という感覚的な表現に託した例である。

ほっとする気持ち、安堵《あんど》感についてふれよう。小沼丹の『更紗《さらさ》の絵』に、「御心配要りません。必ずなおります」と励まされ、「細君は吐息を洩《も》らすと、両手で顔をかくした」という箇所が出てくる。心配していた「細君」が、知人に励まされて、その場で実際に「吐息を洩ら」したのであれば、事実の描写にすぎないが、ちらりと安堵の表情を見せたようすをそのように書いたのだとすれば、感情を感覚的に表現した例だということになる。

そのはるか以前に、森鷗外が『青年』で、「気が置かれて、帰ったあとでほっと息を衝《つ》く」と書いた箇所も同様である。

その森鷗外が『阿部一族』では、「悲しくはあったが、それと同時にこれまでの不安心な境界を一歩離れて、重荷の一つを卸《おろ》したように感じた」と書いている。苦しかった心境から脱出できた安堵感を、持っていた重い荷物を下に下ろすというイメージに置き換えた比喩表現である。心のひっかかりが取れたと思う気持ちを、物理的な重量の変化として感覚的に表現した例だが、今はすでに広く慣用となっている。

瀧井孝作は『積雪』で、「今電報みて、最早了《おわ》った工合《ぐあい》で、ぼくはやや肩の荷の下りた気もした」と書いた。ここは老父死去の報知のはずだから、ほっと安心する場面ではないが、遠く離れて住んでいて心配の絶えない長い歳月のことを振り返れば、ともかくも終わってしまったという解放感が心をよぎったとしても不思議はない。この「肩の荷が下りる」という比喩的な表現も、広く慣用的に使われている。獅子文六も、『てんやわんや』に、「すべての肩の荷が下りたように、ホッとした」と書き、五木寛之も『百夜のオルフェ』に「何だかほっとして、肩の荷がおりたような感じだった」と書いている。

尾崎一雄は『まぼろしの記』に「身体中がほぐれるような安堵感」と書いた。緊張して固くなり弾力を失った筋肉が、安心したせいで柔軟性を取り戻したというイメージだろう。吉田知子は『無明長夜』に「それを聞くと、私はほどけました。体が楽になりました」と書いている。ここには「肉体」も「筋肉」もなく、いきなり「ほどける」と出るため、自分自身がほどけるような表現で読者をはっとさせる。が、心情を感覚的にとらえたという点では共通しているだろう。山田克郎の『壮士行』に出てくる「今日まではりつめつづけて来た心に、ほっと帯をゆるめるような安らかさを覚えた」という例も、「帯を緩める」という比喩的イメージが、「ほどける」という発想と同じ方向にあるように思う。

近松秋江の『黒髪』には「一杯に詰まっていた胸がたちまち下がったように軽くなって」という箇所が出てくる。これも心情を体感的にとらえた表現例である。

有島武郎が『或る女』で、「会話の流れがこう変って来ると、葉子ははじめてのような気軽な心持ちになって」と書いた箇所も、「気軽な心持ち」を、「泥の中から足を抜き上げる」という物理的に肉体的な負担が減るイメージで、読者に感覚的に伝わるように表現している。

芥川龍之介は『枯野抄』で、「その安らかな心もちは、あたかも明け方の寒い光が次第に暗《やみ》のなかにひろがるような、不思議に朗らかな心もちである」と書いてみせた。「朗らかな気持ちの広がる」心境を、「暗闇に光が広がる」という視覚的なイメージでとらえて比喩的に感覚化した例であると考えられる。

驚愕

感情表現の最後に、驚きを表すさまざまな表現に感覚化のどんな工夫がなされているかを実例で探ってみよう。尾崎一雄の『虫のいろいろ』にこんな場面が出てくる。主人公「私」の病気も四年目に入り、一進一退のまま一日の大半を横になって過ごしている。「神経痛の方は無事で、肩の凝りだけというとき、用の多い家人をつかまえて揉《も》ませるのは、今の自分に出来るゼイタクの一つ」だという。「長女は、左下に寝た私の肩を揉みながら、私の身体を机代りに本を開いて復習なんかするから、まるで時間の損というのでもない」。時には質問することもある、として、「何の連絡もないのに、宇宙は有限か、無限か、といきなりきかれて、私はうとうとしていたのをちょっとこづかれた感じだった」と続く。突然そんな大問題を質問されて面喰《めんくら》うシーンである。そのときの驚きの感情を、作者は「こづかれた感じ」と書いている。つまり、触覚的な刺激に置き換え、肉体的な感覚として表現した。

獅子文六は『胡椒息子』で、「耳の側で大砲を撃たれたように愕《おどろ》いた」と極端な比喩で、その驚《きょう》愕《がく》ぶりを誇張してみせた。これは聴覚的なイメージの比喩だが、読者の受ける感覚的な刺激は、とても「こづかれる」どころの話ではない。

小林秀雄は『モオツァルト』に、若き日の神秘的な体験を描いている。大阪の道頓堀あたりを犬のようにうろついていた、ある冬の夜、頭の中で突然モーツァルトの交響曲四〇番ト短調のテーマが鳴り出したのだ。そのとき音楽のことなどまるで考えていなかったから、自分で脳裏に浮かべたメロディーとはとうてい思えず、しかも誰かが演奏したようにはっきり聴こえたという。その感動を小林は、「脳味噌《のうみそ》に手術を受けたように驚く」と書いている。無意識の想像か幻聴か、いずれにしても聴覚的な刺激だが、この「脳味噌の手術」というイメージのほうは、むしろ触覚的な刺激として、読者に衝撃的に響くことだろう。

宇野浩二は『蔵の中』に「背中から水をあびせられたような気がしました」と書いている。これは冷たく濡れるイメージだから、明らかに触覚的な刺激である。

また、有島武郎が『或る女』に書いた「ぎょっとして、血の代りに心臓の中に氷の水を瀉《そそ》ぎこまれたような気持」という例にしても、イメージとしては同じく触覚的な刺激を読者に与えるはずである。

尾崎士郎の『人生劇場』に出てくる「全身の血管が一ぺんに凍ったような思いで、彼は溜息《ためいき》を吐《つ》く余裕さえなかった」という比喩表現の例も、イメージの感覚系統は似たような方向にあると考えてよい。

夏目漱石の『明暗』に「その語気が津田にはあまりに不意過ぎた。彼は相当の速力で走っている自動車を突然停《と》められた時のような衝撃《ショック》を受けた」という例が出てくる。これは「自動車の急停車」という触覚的なイメージに託して、読者にその精神的な衝撃の大きさを想像させようとした比喩表現である。後年の三島由紀夫の『美徳のよろめき』にも、「全速力で走っていた自動車が急ブレーキをかけて止った時におきる動揺のようなものを感じた」という類似のイメージの比喩の例が現れる。

坪田譲治は『夢』に「ボクは飛びあがるほどビックリした」と書いている。急ブレーキのイメージが衝撃の原因であるのに対し、この「飛びあがる」というイメージは驚愕《きょうがく》の結果にピントを合わせたという違いはあるものの、伝達効果は似ているかもしれない。

小沼丹は『風光る丘』で、「びっくり仰天した小二郎は、その婆さんを穴のあくほど見つめた」と書いている。ここの「穴のあくほど」という慣用的なイメージも、衝撃の結果として生じた行為を取り上げた点で、構造は前例によく似ている。相手の婆さんの顔をまじまじと見つめるのは視覚的だが、「穴があく」という比喩的イメージは触覚的な刺激も伴って読者の心に響くような気がする。

第五章　比喩イメージの花ひらく

抽象的な議論に重きを置かず、目に見え耳に聞こえる具体的な表現に信頼を寄せる日本人は、おのずとイメージゆたかに語ってきた。文学の世界はなおさらだ。感覚に訴える日本語らしい表現の諸相を具体例で概観してきたこの本の最終章で、プロの物書きである作家たちの生み出してきた数々の個性あふれる創作的な比喩表現の例をトピック別に紹介し、話に花を咲かせたい。

「四十雀《しじゅうから》の夫婦」だとか、「蝦蟇《がま》の哲学者」だとか、あるいは「屁《へ》のような存在」だとか、「人生欠伸《あくび》の如し」だとか、そんな突拍子もない例を並べるだけで、比喩というものの性格が何となくわかるだろう。

竹西寛子は『兵隊宿』に「うなずきはしたが、からだ全体でうなずいているわけでもなかった」と書いている。最初の「うなずく」という動詞は、顎《あご》を軽く下げて肯定の意を伝える動作を意味するが、二度目の「うなずく」はそういう目に見える動作をさすわけではない。どこか認めたくない不同意の気持ちの残ることを象徴的に表現しているのだろう。

幸田文はその名も『余白』と題する随筆で、思いがけない鏡の余白に気づく複雑な心境にふれる。軍曹《ぐんそう》と綽名《あだな》されるほど体格のよかったこの作家は、鏡の前に立つたびに、自身の姿が鏡面のほとんどを占めているのがあたりまえだと思っていたらしい。ところが、ある日、同じその鏡に空が映っているのを発見する。それだけ人間の姿が量感を失ったからだと、自身の衰えに気づき、複雑な心境が兆《きざ》す。すると、何の罪もないその澄みきった秋空がちょっと小憎らしく見え、思わず「鏡の余白は憎いほど秋の水色に澄んでいる」と書いてしまう。

どちらの例も典型的な比喩表現ではないが、ストレートな直接表現とも言えず、どこかしら比喩的な雰囲気が感じられる。それでは、典型的な比喩表現とは何か。たいていの辞書には、ある対象をそれに似た別のもののイメージを借りて間接的に伝える表現技法といったような解説がほどこしてある。ほんとうにそうなのだろうか。

小林秀雄の『ゴッホの手紙』という作品に、「パリの老いぼれた馬車馬が、悲嘆にくれたクリスチャンのような、大きな美しい眼をよくしている事に気がついた事がありますか」という表現が出てくる。「パリの老いぼれた馬車馬」というトピックを、「悲嘆にくれたクリスチャン」というイメージでとらえた比喩的な発想を、「ような」という比喩の指標を明示し、「大きな美しい眼をしている」という共通点を添えた、まさに典型的な直喩表現として、きわめてわかりやすい例である。

日本語で書いてはあるが、手紙の中の一節だから、もとはゴッホ自身の発想かと思われる。この画家がそう考えるずっと前から、「パリの老いぼれた馬車馬」は、はたして「悲嘆にくれたクリスチャン」と似ていたのだろうか。そんなことは信じがたい。老いた馬車馬の悲しそうな眼に気づいたゴッホが、ふと悲嘆にくれたクリスチャンを連想し、そう表現した瞬間に思いもかけず両者が似始め、人びともそういう目で見るようになるのだろう。

こうなると、それに似た他の何かに喩えるという比喩の常識的な定義はぐらつく。両者の類似はもともと存在していたものではなく、人間が発見し、あるいは想像し創作することによって、はじめてこの世に生まれ出たことになるからだ。通常の表現ではうまく伝えられないと思い、やむなく別のカテゴリーでとらえようと試みる比喩という表現手段に訴えるのではないか。

そういう根源的な比喩こそ世界解釈の手段として力を発揮するはずなのだ。すぐれた比喩は、新しいものの見方の開拓だったように思われる。

光 ――光の澱

宮本輝の『螢川』、あの絢爛《けんらん》たるフィナーレから入ろう。一生に一度出合えるかどうかという螢の大群を目の当たりにするシーンである。「月光が弾け散る川面を眼下に見た瞬間」、人びとは「その場に金縛《かなしば》り」になったまま、声も出ない。「螢の大群は、滝壺の底に寂寞《ひっそり》と舞う微生物の屍《しかばね》のように、はかりしれない沈黙と死臭を孕《はら》んで光の澱《おり》と化し、天空へ天空へと光彩をぼかしながら冷たい火の粉状になって舞いあがっていた」と描かれる。「沈黙と死臭を孕んで」「光の澱」という比喩表現に、感覚的な矛盾を抱えた「冷たい火の粉」というイメージまで動員し、この世ならぬどこか不気味な、それでも神秘的な美しさを描いた圧倒的な筆力である。

翳――夜の脈搏

谷崎潤一郎の『陰翳礼讃《いんえいらいさん》』は、薄暗がりに美を求め、その陰翳を大事にして日本の伝統文化が成立していることを主張する評論的な随筆である。京都の老舗《しにせ》の料理屋で電燈の明るさを嫌い、古風な蠟燭《ろうそく》の揺れる光を好んだのも、漆器の美はそういう炎の穂先がゆらゆらとまたたく中でこそ、漆塗りの器の「沼のような深さと厚みとを持ったつや」が現れるのだという。漆器の黒い地肌は幾重もの闇が堆積した色であり、暗黒に包まれた環境から必然的に成立したという主張である。

この「闇の堆積」という比喩的な発想は、新しい物の見方を開拓する。蒔絵《まきえ》をほどこした漆器は、明るい場所ではいかにも派手派手しく、時に俗悪な感じに見えることもあるが、それを薄暗い蠟燭の明かりのもとに置くと、けばけばしさは底に沈み、奥深く重々しい印象に一変する。金蒔絵は「豪華絢爛《けんらん》の大半を闇に隠してしまっている」からこそ「云い知れぬ余情を催す」のであり、蠟燭の炎の揺れるままに、いろいろの部分が少しずつ底光りするように見えて、奥深さを感じさせるのだという。

静かな部屋に時おり風の訪れるたびに、暗い漆器に蠟燭の光が揺れ、人は妖《あや》しい光の夢の世界に浸り、瞑想《めいそう》へと誘われる。その灯のはためきを、谷崎は「夜の脈搏《みゃくはく》」と表現する。「夜」という抽象的な時間概念を、脈打つ生きもののイメージでとらえる、この比喩的思考にも、読者は新鮮な驚きを覚えることだろう。

灯のはためくごとに、畳の上の明るみも刻々と所を移す。畳の上を滑る光の動きを、作者は水の流れに喩える。「幾すじもの小川が流れ、池水が湛《たた》えられている如く」、「灯影《ほかげ》を此処彼処《ここかしこ》に捉えて、細く、かそけく、ちらちらと伝えながら」と書き進めたあと、「夜そのものに蒔絵をしたような綾《あや》を織り出す」と一連の比喩的な思考の流れを締めくくる。「夜」という時間概念に「蒔絵」をほどこすという大胆な発想に読者はしばし黙るほかはない。

色 ――カーンと冴える

まずはよく知られた梶井基次郎の『檸檬』から例を取ろう。多くの日本人が「檸檬」などというむずかしい漢字を難なく「レモン」と読むのは、この作品名の記憶からだろうか。

「レモンエローの絵具をチューブから搾り出して固めたようなあの単純な色」と、まず絵の具そのものの塊という比喩的イメージで、色彩のシンプルな感じを象徴させ、次いで糸を紡ぐ機械の「つむ」のイメージに託し、「あの丈の詰った紡錘形《ぼうすいけい》の恰好《かっこう》」と、その形の特徴に移る。そのあと、画集を何冊か積み上げた上に載せたレモンの色は、「ガチャガチャした色の諧調をひっそりと紡錘形の身体《からだ》の中へ吸収してしまって、カーンと冴えかえっていた」と描写している。画集全体の乱雑な色も気にならないほど、見る人の視線をその一個の檸檬に吸い寄せる感じなのだろう。「カーン」

というオノマトペで感覚化し、冴えかえって他を寄せつけない雰囲気を読者に印象づけるだろう。

川端康成は『古都』において、「花々の色は空気を染め、からだのなかまで映るようであった」と美的な比喩で強調した。花が空気を染める、花の色が体の中にまで映る、そんな大胆なイメージだが、花々の輝きが周囲に華やいだ雰囲気をかもしだし、人びとをも明るく彩るという発想は、現実の生活体験を通じて、読者にも感覚的に理解できるように思う。

小川洋子の『冷めない紅茶』に現れる「彼の喪服の黒色は夜の中に溶け出し、彼のわずかな仕草と一緒に揺れていた」という例にも目を惹《ひ》かれる。現実の喪服の黒い色が、周囲の闇という空間に流れ出るという発想でさえ突飛なのに、ここではそのにじみ出した色彩が、時間という抽象的な存在である「夜」の中に浸《し》み込むというのだ。この作家の混沌とした感覚的な把握の大胆さに読者は一瞬息を止めることになる。

音――音のない音

山本有三は『路傍の石』で、「あらしの中で、電線がほえているようなうなり声が、背すじをつたわってきた」と書いている。強い風を受けて摩擦された電線の音を獣の咆哮《ほうこう》に喩えること自体は独創的とまでは言えない。が、その前に「ヴォーム！」という写実的な擬音語を配し、読者の聴覚に現実感を響かせる。

歌人の俵万智は『りんごの涙』に「どどーんと波しぶきをあげて」と荒海を擬音語で描いたあと、「海が海ごと海岸の岩にぶつかってゆくような冬の日本海」と続ける。海が海ごとぶつかるという誇張した比喩により、あたかも日本海全体がその岩に体当たりするような雄大なイメージを創出し、荒れる冬の日本海を迫力充分に描き出す。

梶井基次郎の『城のある町にて』に、薄暮の空に遠く花火の上がる場面が出てくる。音はすぐには聞こえず、しばらくして届く。遠い花火のそういうやわらかい音を、梶井は「綿で包んだような音」と、思いがけないイメージで比喩的に描きとってみせた。「音」という聴覚的な現象に、「綿で包む」などという触覚的なイメージを重ねた、突飛な発想に驚く。

小川洋子は『ダイヴィング・プール』に「昆虫の羽音のような弱々しい音が、ひかり園の緑を濡らしていた」と書いている。弱い雨の音から羽音を連想した比喩である。感覚的に納得しやすいが、素朴な読者には、結果として意外な刺激をもたらすかもしれない。表面的には、雨が葉を濡らすという現実が、「音」が「緑」という色を「濡らす」という表現構造となっているからだ。

内田百閒は『三谷の金剛様』に、「りゅうりゅうと云う風に澄んで来る鳴き声が一つの大きな浪《なみ》になって、夜が更けるに従い声の浪がうねり出し、寝ている枕の下が、こおろぎの声で揺れて動く様であった」と書いている。「りゅうりゅう」と聞こえるのは風の音だろうが、こおろぎの鳴き声から「浪」を連想したイメージも働き、その虫の声で枕の下が揺れる感じがするほどの量感が読者を揺さぶる。

尾崎一雄は『毛虫について』で「小さな、しかし無数の口によって発せられる音のない音」と書いた。人間の耳には聞こえないが、きっと出ているにちがいない響きに言及し、聴覚的な想像をとおして奥深い不気味さを誘い出したと言えるだろう。

宮本輝の『蛍川』にも、雪の静かさが耳に迫る描写が現れる。「閉めきった温かい部屋の中にいても、雪が降ってきた気配を感じることができた」と書き、「静かであればあるほど、しんしんと迫ってくる音を聞く」と続ける。「静かさ」が「音」として押し寄せるという不思議なイメージが読者を翻弄する。

それどころか、川端康成の『雪国』には「雪の鳴るような静けさが身にしみて」とあり、そこから「女に惹《ひ》きつけられたのであった」と展開する例が出てくる。そういうあるかなきかの音響意識が比喩的イメージとして働き、島村が駒子に惹きつけられる瞬間の気持ちというトピックが、読者に深く印象づけられる。

声――悲しいほど美しい声

「鴨《かも》の声ほのかに白し」という松尾芭蕉の句はよく知られている。聴覚の「声」を視覚の「白」

という色彩として感じとったことになり、感覚系統の交錯した例となる。三島由紀夫も『金閣寺』に、「秋の暁闇《ぎょうあん》をさえざえとつんざいて、裏庭の鶏鳴《けいめい》が白くきこえた」と書いている。声の主は別の鳥だが、感覚系統の交錯という点では同様だ。

田宮虎彦は『琵琶湖疏水』で、生粋《きっすい》の大阪弁の印象を「餅肌《もちはだ》の様にねばねばと舌たるく、言葉同士がもつれあう」ようだと、「餅」に縁のあるイメージを連ねて書きとった。

川端康成の『雪国』の冒頭場面、汽車の窓から葉子が「駅長さん」と呼びかける、その声の印象を、作者は島村の視点から「悲しいほど美しい声」と書き、作中で何度も繰り返す。「悲しいほど高く澄んでいる」と説明を加えて出ることもある。「悲しい」は感情であり、「美しい」は感覚的判断だから、両者は論理的に「ほど」として一つの軸で比較できる対象ではない。だが、どこまでも高く澄みきった声は、うつろに物寂しく響き、耳を澄ます人の心に、ほのかな哀しみに似た思いを誘うこともありそうな気がする。時折「聞えもせぬ遠い船の人を呼ぶような」とか「雪の山から木《こ》魂《だま》して来そう」とかと比喩的な形容を加えることも、そういう幻想的な世界にいざなうのだろう。

中勘助の『銀の匙』には、「円くあいた唇のおくからぴやぴやした声がまろびでる」と書いてある。女の子の澄んだつやつやした声を描くのに、「ぴやぴや」という独創的なオノマトペで艶を出し、さらに、「まろぶ」という古語に近い動詞まで選んで美化した例である。読者はことばで感覚をくすぐられ、はっとわれに返ることになりかねない。

黙　——艶消しの沈黙

人間が口を開かない沈黙は何を連想させるのだろうか。石坂洋次郎は『若い人』という小説の中で、さまざまな沈黙を比喩的に描き出した。「しずかな、ひきこまれるような沈黙が、室《へや》の中に漲《みなぎ》った」という例では、「漲る」という動詞から、水のようなものが勢いよく満ち溢《あふ》れる、あるいは、活気・気力などが満ちてみるみる広がる、そんなイメージでとらえられているように想像される。「一瞬、凍るような厳しい沈黙が、校庭を支配した」という例では、固く凍りつくイメージで、緊張が極度に達している雰囲気が感じられるだろう。「校内は一寸《ちょっと》の間しわぶくような沈黙に領された」という例も、咳《せき》をする以外、一言も発することのできない雰囲気だろうから、周囲の緊張感が高まっているのだろう。また、「虫が匍《は》うような沈黙が来た」とか、「肉を刻むような響きのない沈黙」とかという難解な例もある。それにしても、「艶消のような柔かい沈黙」という表現には、読者も参ったという気持ちになるかもしれない。「艶消し」などという思いもしないイメージは小憎らしいほどだ。

豊島与志雄は『理想の女』に「夜が深く静まり返って、氷のような沈黙が落ちて来た」と、「氷」のイメージでとらえ、三島由紀夫は『金閣寺』で、「雨に濡れた鹿苑寺《ろくおんじ》の大きな黒い瓦屋根のような沈黙の重みが私の上に在った」と、イメージに「屋根瓦」を据えた。

匂い——沈んでいた女の匂い

岩本素白の随筆『街の灯』に、散歩の途中で湯上がりの浴衣姿の女たちとすれ違う場面が出てくる。「表通りの店から流れる火影《ほかげ》に、道ゆく人の浴衣が白く、深い横町の灯は心細いほど幽《かす》かに見えて、ほの暗い軒下に置いた縁台に、夜涼を楽しむ人の煙草《たばこ》さえくっきり」と感じられる、かつての東京に存在した下町、川面に映る新富座のはなやかな灯影《ほかげ》も消えて久しい築地橋の、月の無い夏の晩の一景である。銭湯から出て来たらしい「三、四人連れの女達が何か睦ましげに物語りながら、宵闇に白い浴衣を浮かせて通り過ぎた」。そのとき、「覚束《おぼつか》ない白粉の匂いが、重い夜気の中にほのかに漂っていた」という。「覚束ない」とあるから厚化粧ではなく、軽く白粉をはたいただけだったのだろう。それに石鹸《せっけん》の匂いも漂っていたかもしれない。あるいはただ、女の人がすぐ近くを通り過ぎたというだけで感じる、異性のかすかに撒《ま》き散らす空気を吸った、そういうためらいのような動揺なのかもしれない。

闇に浴衣を浮かせるというイメージの比喩が目につくものの、格別に印象に残る光景ではない。ところが、それから二日と経たない関東大震災でそのあたり一帯が焦土と化し、「あのゆきずりに見た、夏の夜の入浴を楽しんでいたらしい町の人達も、果して無事」だったかどうかわからない。そう思って眺めれば、あの宵闇に浮かぶ浴衣姿も、おぼつかない白粉の匂いも、きっと夏の夜の夢のように思われたことだろう。

川端康成の『千羽鶴』に、取り乱して書いた手紙を取り戻そうと、菊治の家に出かけた文子が、目の前で無造作に封を切ろうとする相手から、その手紙を奪おうとするシーンが出てくる。とっさに菊治が手を後ろへ隠したはずみで、文子はバランスを崩し、のめりそうになりながら、相手に倒れかかる寸前、しなやかにかわす場面だ。作者はそれを菊治側から「ぐらっとのしかかって来るけはいで、きゅっと体を固くした菊治は、文子の意外なしなやかさに、あっと声を立てそうだった」と描き、「温《あたたか》い匂いのように近づいただけであった」と、文子を「匂い」そのものというイメージで比喩的に描いた。たしかに菊治にとって、一瞬の期待もむなしく、文子は手の届かない存在に戻り、なにか奪われたような気がしたことだろう。

もう一つ、宮本輝の『二十歳の火影』のラストシーンを紹介しよう。外に女をつくって住んでいた老父が、亡くなる数日前に息子を誘い出して久しぶりに屋台の酒を酌み交わした。足元のふらつく父親を息子はその女の住むアパートまで送り届ける。女は留守らしく部屋が真っ暗なので、蛍光燈の紐《ひも》を引くと、ハンガーで壁に吊《つ》るした真っ赤な長襦袢《ながじゅばん》が目の前に現れ、ぎょっとして声を上げそうになる。そこに作者は「そのまま父を座らせたとき、長襦袢が畳の上に落ち、一呼吸ののち、部屋に沈んでいた女の匂いが浮いてきた」と書いた。感覚的に、また心理的に、しばらく読者を揺さぶる、衝撃的な表現である。二十歳の息子は、今や母とはっきり別の世界に住む父親という思いを決定的にし、癒えることのない疎外感をひとり嚙《か》みしめたことだろう。

味――ソースをかけた靴

石坂洋次郎の『山のかなたに』に「空腹と野外の香ばしい空気とは、口に入れた食物を飴《あめ》のようにトロリと溶かした」とある。腹が減ったときや、空気のきれいな場所では、何を食っても旨《うま》く感じる、その味を「飴」のイメージで伝える比喩である。

その逆に、汚い場所に置かれた食べ物は、実際の味がどうであれ、それだけでもう食う気がしなくなる。安岡章太郎は『ガラスの靴』で、「雑沓《ざっとう》の中にナマナマしくさらされた食い物を見ると、僕はソースをかけた靴を皿に入れて目の前におかれたように、まごついた」と、「ソースをかけた靴」などという想像を絶するイメージで漫画じみた誇張を試みた。

林芙美子は『松葉牡丹』に「頬っぺたに水のこぼれるような枇杷《びわ》」と書き、また、森田たまは『もめん随筆』に「青い雫《しずく》のしたたるような胡瓜《きゅうり》をカリリと噛《か》む」と書いて、ともに読者の味覚を快く刺激する。

『妊娠カレンダー』に「フォークの先から、半熟の卵が黄色い血液のようにぽたぽたと落ちる」と書いて、読者の食欲を減退させた小川洋子は、同じ作品で、「グラタンのホワイトソースって、内臓の消化液みたいだって思わない？」と、突拍子もない連想を披露し、「その生温かい温度とか、しっとりした舌触りとか、ぽたぽたした濃度とか」と、とんでもない論拠を並べたて、読者をげんなりさせる。

触——空気を濃くする

内田百閒の『掻痒記《そうようき》』は文字どおり、痒《かゆ》い痒い話である。おできがひどくなり、頭にぐるぐる包帯を巻かれて「すっぽり白頭巾を被った様に」なるのだが、その巻き方がきつく縁の部分が締まり過ぎる。その折の感触を百閒は、「何だか首を上の方に引き上げられる様でもあり、又首だけが、ひとりでに高く登って行く様な気持もして、上ずった足取りで家に帰って来た」と書いている。読者もきつく締められた気分になる書き方だ。

心理的な刺激やダメージが肉体に影響して胃潰瘍になるという例はよく知られるが、井伏鱒二は『黒い雨』で、内容によっては、相手と話をしているうちに、「頭の毛が硬直して毛根がじりじりとして来るようで、逃げだしたくなって来る」と書いている。むずむずすることもあるから、読者にもこういう感覚は容易に理解できる。

五木寛之の『夜の斧《おの》』には、「初冬の冷く粒立った空気が、爽やかな陽光を含んで冴え返っていた」という例が出る。「粒立った空気」と、気体をざらざらと固体のように感じるというイメージで、冬の大気の粗い感触を比喩的に巧みに描き出した例と言えるだろう。

幸田文は『流れる』で、「新しい著物《きもの》はふっくりしていて、著《き》る人もふっくりさせる」と書いてみせた。「ふっくら」でなく「ふっくり」という独創的な擬態語を編み出し、豊満感を好意的に描いた例のように思われる。同じ作品に、「狭い階段に肥りじしのからだは空気を濃くするような感じがある」という箇所も出てくる。「ふとりじし」の「しし」は「肉」の意。肥満体が周囲の空間を狭く感じさせて、脇を通る人間が圧迫感を覚えるということは、いかにもありそうに思うが、ここは肥満体に圧迫されて空気の密度が増すという発想なのだ。物理的な証明は困難でも、感覚的には納得できるから可笑しい。

春——ねっとりとした春

林芙美子は『ボルネオダイヤ』の中で、思い出の中では、季節が「独楽《こま》のように毎日同じところをぐるぐるとまわっている」と書いている。

待ちかねている春は、人びとが気づかないうちに近づくらしい。そういう感じを、三島由紀夫は『仮面の告白』で「春がもう豹《ひょう》のような忍び足で訪れて」と、「豹の忍び足」というイメージで描いている。森田たまは『もめん随筆』に、「しのびやかに軽くくすぐるように、一日ずつ近づいてくる春」と、「くすぐる」という触覚的な刺激で書くが、やはり「しのびやか」という点で前例と共通している。

同じく触覚的なとらえ方だが、サトウハチローは思いがけない皮膚感覚の想像力を働かせる。詩人の感性なのか、『浅草悲歌《エレジー》』で、「ねっとりとした春である」と、なんとこの季節に、ねばりけを感じとるのだ。「わずかにしめっている女の腋《わき》の下を思わせる春である」と、その触覚的とも言えるイメージを具体化してみせる。あの乾燥した冬の季節をようやくやり過ごし、万物の生命の芽生え始める潤いのシーズンを迎えて、どこか気だるいような気分を、いくぶんふざけ気味に連想をたくましくしてみたペンのいたずらだったろうか。

夏　――蚊の鳴き声

永井龍男の『蚊帳』という随筆に、こんな一節がある。「みんな寝静まった真夜中に、闇の底がほんのり明るんで、また暗くなる。その時蚊帳《かや》の釣ってあるのが見えるのは、眠れぬ誰かが寝床で一服したのである」。そのあとに「やがて、吐月峰《はいふき》をたたく音がして」とあるから、ここは巻き煙草《たばこ》をふかすのではなく、煙管《きせる》で一服する光景だ。吸うと、刻み煙草の火が強まり、そのわずかな明かりでぼんやりと蚊帳が見えるというのである。あの暗かった日本の夏の夜の静けさが思い出される。煙管を灰吹きにぶつけて吸い殻を落とす、その一瞬の物音が聞こえ、また、もとのように、しーんと静まり返る。そのあとに、「あるいは、団扇《うちわ》を使う気配とか、蚊の鳴き声が闇の中にするかもしれない」と続く、感覚的な想像力がすごい。夜中に飲む水の味に季節を感じるというこの作家の、感性のイメージだろう。

秋　――秋の夕陽に熟れて

英文学者の福原麟太郎に『四十歳の歌』と題するエッセイがある。今の感覚では六十代の半ばぐらいにあたるかもしれないが、昔の四十歳は、この人生で自分にあと何ができるかという見通しがつき、「蕭条《しょうじょう》として心が澄んでくる」時期だったようだ。「人生は四十から」などという浅薄《あさはか》なことばを聞くと、「やい神妙にしろという心持」になると書く当人は、だから毎日、「この日を朗らかに愉快にあたたかに過そう」という気になるのだという。

「入学試験を受けたり、恋をしたり、新しい背広を着たりして」やがて死んでゆく。そうか、これが自分の一生なのだ、それではひとつ「落ち着いて青空を眺めようという気になる」のだそうだ。そうして、「これからさきは力一杯に出来ることをして、秋の夕陽《ゆうひ》の中で、静かに熟れてゆこう」と、あくまでも明るく穏かに一編を結ぶのである。「青空」も「秋の夕陽」も「熟れる」も、この学者がイメージとして心に浮かべる風景である。大人の比喩だと、つくづく思う。ほとほと感銘を受ける結びとして忘れがたい。

冬　――下界に舞う風の花

福永武彦に『風花《かざはな》』という小品がある。結核病棟にあり、「武蔵野を吹き渡る寒い風が、療養所の外気小舎を取り囲む松林の梢を渡って、不吉な、咽《むせ》ぶような悲鳴を立て」るのを聞きながら、脳裏に昔の光景がよみがえる。父親に手を引かれて「淋《さび》しい荒涼とした風景」の中を歩いた幼時の思い出である。「白い細かなものが宙に舞っていた」「あるかないか分らない程かすかで、ひらひらと飛ぶように舞い下りた」と当時の感覚をなぞるだけで、少し先に「雪片」という語が出るまで、読者にはその正体がわからない。「真蒼《まっさお》な冬の空」が「無限に遠く見えた」と書き、「静やかに下界に降って来た」と記すことで、あたかも天界から舞い落ちるメッセージのような連想を誘う。

「これは風花っていうのだ。山の方で降った雪が、風に乗って運ばれて来たのさ」という父親のことばが浮かび、このことばを初めて知った日のその声が「心の中に溶け込み一種の爽快な感じをつくっていた」らしい。表現の流れが比喩的・象徴的に働く作品だ。

時――海鼠のような現在

「光陰矢の如し」というとおり、時はあっという間に過ぎるというのが実感だろう。有島武郎も『或る女』で「時間はただ矢のように飛んで過ぎると思えた」と書いている。青春などは特にそんな感じだろう。

林房雄は『青年』に「時間の断片を宝石のように拾い集めては」と、抽象的な時間概念を物のかけらのようなイメージで扱ってみせた。

三島由紀夫も『金閣寺』で、「放心の短かい時間が、時たま雲間にのぞかれる青空のように、ほうぼうに残っている」と書き、目に見える存在としてイメージ化している。同じ作品に「暗い時間の海に呑《の》み込まれ」ともある。堀田善衛の『鬼無鬼島』にも「あとさきのない暗い海底のような時間の澱《よど》みへひき込んで行く」とある。「時の流れ」というとおり、これらも「時」を液体のイメージでとらえている。

三島はまた、『仮面の告白』で、「時」というものを「雑草のように生い茂り」と、草のイメージでとらえることもある。吉行淳之介は『闇のなかの祝祭』で「時間が滑るように過ぎて行った」と、矢のように「飛ぶ」のではなく、「滑る」イメージでとらえている。

安部公房は『他人の顔』で、変化のない時間を「のっぺらぼう」ととらえ、「意味もなく、愚かしげで、通過する時がことごとく、ほこりまみれの飴細工《あめざいく》のように思われた」と、気をそそらない時間という抽象的な存在に「飴細工」のイメージを導入して具体化した。

それにしても、武田泰淳が『風媒花』で、手でとらえどころのない「現在」という時間的な存在のイメージを「うねりくねる海鼠《なまこ》のような」と書く発想は、感覚的に読者を納得させるだろう。

命──死を漉して貯める

島崎藤村は『新生』に、「眼に見えない小さな生命《いのち》の芽は、その間にそろそろ頭を持上げ始めた」と書き、「あだかも堅い地を割って日のめを見ないでは止まない春先の筍《たけのこ》のような勢いで」と、植物のイメージでとらえてみせた。

瀧井孝作は『無限抱擁』に、「断続的な呼吸、糸のようなかぼそい生命《いのち》」と書き、頼りない生命力を「糸」に喩えて、自身の心細さを吐露した。

川端康成の『雪国』には、「駒子の生きようとしている命が裸の肌のように触れて来もする」と、「命」を「肌」に「ふれる」触覚的なイメージでとらえた例が出てくる。

岡本かの子は『落城後の女』で、「女の生命の脈絡」を「地の中の河のように、人知れず流れている」と書き、「生命」を「地下水」のようなイメージでとらえた。

宮本百合子は『伸子』に「彼女の生命は北海道の牛の乳で養われた細胞と同じように豊富で、旺盛で貪欲であった」と書き、「生命」を「細胞」のイメージで表現している。

古井由吉は『影』という作品に「人間の生命」は「半浸透膜で外と隔てられた細胞のようなものである」と、やはり「細胞」のイメージでとらえ、「時の流れは自由にその中を通り抜けていく」と書いたあと、その「通り抜けていく流れから、生命は少しずつ死を漉《こ》し取っては内側に貯《た》めていく」と、「死」と関連させて「生」を描いてみせた。

死——季節の移るように

堀辰雄の『聖家族』は、「死があたかも一つの季節を開いたかのようだった」という欧文調の思いがけない一文で幕を開ける。

有島武郎は『生まれ出づる悩み』で「死はやおら物憂げな腰を上げて、そろそろとその人に近寄ってくる」と、「死」というものを擬人化して描く。死神のイメージだろうか。『或る女』では、「死が蛆《うじ》のようににょろにょろ蠢《うごめ》いているのが見えた」と、「蛆」のイメージでとらえ、しかも「見えた」と断定的に結ぶ。

三島由紀夫は『午後の曳航《えいこう》』で「死が海の輝やきの中から、入道雲のようにひろがり押し寄せて来ていた」と、「死」に「雲」のイメージを重ねる。

一方、川端康成は『雪国』で「蜂は少し歩いて転び、また歩いて倒れた」と書いたあと、小さな生きものの命の終焉《しゅうえん》を、「季節の移るように自然と亡びてゆく、静かな死」と表現し、生命の営みを、おのずからくり返される大自然の静謐《せいひつ》なる現象と見る死生観を示した。

武田泰淳が『異形の者』で、「地獄へなど往きません」と「旅行の相談でもしているように気軽に答えた」と書いた心境も、どこか似ているのかもしれない。

一生――まだ一塁じゃないか

林房雄の『青年』に「バイロンの一生は不思議な小箱に似ている」とある。人間の生涯を得体の知れない小さな箱というイメージでとらえた比喩である。

夏目漱石は『道草』で「彼の半生は、あたかも変化を許さない器械のようなもので、次第に消耗して行くよりほかに何の事実も認められなかった」と書き、人生を「器械」に喩えている。

中山義秀は『碑《いしぶみ》』に「後半生は、彼のむちゃな前半生にたいする一種の註解みたいなもの」と書き、一人の生涯を二つに分けて両者の関連を「註解」という作業になぞらえてみせた。両者の類似を発見したというより、独特の考察を示した例だろう。

堀辰雄は『風立ちぬ』に「花咲き匂うような人生」と書いたが、そういう例は現実にはめったに見られない。実人生は、何の脈絡もない思いがけない出来事が不規則に起こり、全体の整理もできないうちに、いつか終わっている、そんな筋も何もないしばらくの時間の流れにすぎないような気もする。だが、伝統的なイメージとしては、一幕の芝居や一編のドラマのような見方が多いようだ。

三島由紀夫も『仮面の告白』で「人生は舞台のようなものであるとは誰しもいう」と書いている。

司馬遼太郎も『国盗り物語』に「人生を一場の夢のようにみているこの男」と書き、人生で「このつぎ何事がおこるかということが、新作の狂言を期待するようにおもしろい」とも書いている。

小沼丹は『竹の会』で「僕は三塁まで来てるんだ。だからこのぐらいの無理はしてもいいんだ。

君なんか、まだ一塁にいるじゃないか」という先輩の台詞《せりふ》を書いている。作者が胸部疾患でしばらく療養生活を送ったあと、当時の早稲田茶房で開かれた作家仲間の宴会に顔を出した折、大先輩にあたる文学評論の青野李吉が後輩の体を気遣ってたしなめたことばらしい。人生を野球に喩え、むちゃをせずに自重するようにと諭したつもりなのだろう。学生時代にこの青野先生の文芸批評の講義を聴いたが、その折も早慶戦の話となると長々と脇道にそれたから、その酒の席でも日頃の関心からそういう奇妙なたとえ話が飛び出したとしても不思議はない。

空——海を映す鏡

葉山嘉樹の『海に生くる人々』に「空は海一杯を映した鏡のようだった」とあるように、「空」はしばしば「水」のイメージでとらえられる。伊藤左千夫『野菊の墓』に出る「水のように澄みきった秋の空」の例や、久保田万太郎『春泥』の「水のように晴れたその大空」の例、それに藤森成吉『雲雀《ひばり》』の「窓には青い空の一片が水のように見えた」という例など、その典型だろう。尾崎士郎の『人生劇場』に「紺碧《こんぺき》に晴れた空は湖水のように澄み切って」とあるのもそれに近い。

森田たまの『菜園随筆』にも「空は深い海のように碧《あお》く、ひろびろと地平のかなたまで遠くはるかに、おなじみどりに澄んでいる」とある。重点は色合いなのだろうが、連想はやはり「海」である。池谷信三郎の『橋』には「人と別れた瞳のように、水を含んだ灰色の空」とある。「瞳」などという思いがけないイメージだが、人と別れたときの眼と限定されれば、うっすらと涙ぐんでいるような連想も浮かんでくるだろう。

夏目漱石の『三四郎』に「重いこと。大理石《マーブル》のように見えます」とあり、佐藤春夫の『田園の憂鬱』には「土耳古《トルコ》玉のような夏の午前の空」という例が現れる。立野信之の『軍隊病』にも「砂金をちりばめたような空」とある。きらきら光るところからの連想だろう。

藤森の『雲雀』に「空には、絹のような光沢が流れて来た」とあり、森田たまの『菜園随筆』にも「おぼろ月夜の、空はうす絹でつつんだように、ぼうと光って果てしなく」とある。稲垣足穂の『弥勒《みろく》』には、「雲一つ見つからぬ紫がかった春の空は、少しの皺《しわ》もない、そしてたいそう脆《もろ》い膜のようであった」とある。これらはどれも空のやわらかいイメージを伝える。

空の形については、小川洋子の『夕暮れの給食室と雨のプール』に「見上げると、はさみで切り抜いたような空が、所々に見えました」とあり、切り絵の発想を思わせる。

また、色では、森敦の『初真桑』に「真珠にもまごうバラ色に輝いていた」とあり、曾野綾子の『空飛ぶ円盤』には「東の空は、うれたトマトがつぶれたように赤かった」とあり、竹西寛子の『草原の歌』には「からだごと燃え立つような夕焼空」とある。岡本かの子は『河明り』で、「情熱の藍壺に面《おもて》を浸し、瑠璃《るり》色の接吻《せっぷん》で苦しく唇を閉じられているようである」と、強烈な色彩感覚で官能的に表現している。

日――血の気も失せて

太陽もまた、さまざまなイメージで比喩的に描かれてきた。森田たまは『もめん随筆』で「きらきらきらとした太陽の銀盆が半分欠けたような、何か頼りない寂しさが四辺《あたり》から迫って来た」と書いている。これは日蝕《にっしょく》だから特殊な描写になるのは当然かもしれない。

夏目漱石は『それから』で「日は血のように毒々しく照った」と主観的に描き、石坂洋次郎は『山のかなたに』で「赤く灼《や》けた円盤のような太陽がかかっており、クルクル廻転しながら、火を噴きそうな熱した光線を、太く烈しく地上に注ぎこんでいた」と、迫力充分に描写する。

『放浪記』で「大根の切り口みたいな大阪のお天陽《てんと》様」と奇妙な連想を記した林芙美子は、『うずしお』で今度は「秋の陽《ひ》はつるべ落しで、黄ばんだ陽が白く乾き」と書いた。阿部知二は『冬の宿』で、霧が「琥珀《こはく》色の光沢となり、冬の午後の小さな太陽がその奥に融けるように輝いていた」と、その質感を描き出した。福永武彦も『草の花』に「凍りついた雲が灰色の層をなして低く垂れ、インクのしみのような太陽がわずかばかりの薄明を地上に投げている」と、「インクのしみ」などという意表をつくイメージでその情けない姿を描く。

谷崎潤一郎は『陰翳礼讃』で「庇《ひさし》をくぐり、廊下を通って、ようやく」座敷まで「辿《たど》り着いた庭の陽光は、もはやものを照らし出す力もなくなり、血の気も失《う》せてしまったかのように、ただ障子の紙の色をしらじらと際立たせているに過ぎない」と、むしろその神秘的な「陰翳《いんえい》」を、ありがたい雰囲気として「礼讃《らいさん》」するのである。

月――ためらうような光

林芙美子の『女性神髄』に「マシマロのように溶けてしまいそうに柔かい月が芝居の書割のようにぼんやり浮かんでいる」とある。芝居の書割という連想は平凡かもしれないが、マシュマロのように溶けてしまいそうだと視覚的・触覚的にとらえるイメージは新鮮だ。

永井龍男の『風ふたたび』には「百日紅の花の向うに、貝がらのようにほの白い夕月が、ほそくかかっていた」とあり、「貝がら」のイメージはその形だけの連想だから、表現の感触はこれもソフトな印象を与える。佐藤春夫の『田園の憂鬱』に出てくる「月の全体の形も頭蓋骨に似ている。白銀の頭蓋骨だ」という連想となると、同じく形だけでも、こちらはいささかどぎつい感じとなる。川端康成『雪国』の「月はまるで青い氷のなかの刃のように澄み出ていた」という例は、澄んだ月の美しさを表現する一方、「氷の中の刃」というイメージがハードな印象を残す。

藤沢周平は『麦屋町昼下り』で、満月に近い月を描き、「ためらうような光を地上に落としている」と表現している。「ためらう」と擬人化し、控えめな月の光を印象づける。

「ただ一つ、きっぱりと黒天鵞絨《ビロード》のなかの銀糸の点のように、鮮かに煌《かがや》いている」。佐藤春夫は『田園の憂鬱』で、避雷針のそばに一つだけ見える星をそう描いた。松谷みよ子は『赤ちゃんのお部屋』で「氷のかけらのような星」と「氷」に喩え、「つめたく凍るように光っていた」とも書いている。川端康成が『雪国』で「弱い光の日が落ちてからは寒気が星を磨き出すように冴えてきた」と表現したように、寒い季節になると星がひときわ鮮やかに見える。それを「磨き出す」というイメージで比喩的にとらえる発想が新鮮だ。

川端は、火事の場面を主人公の視点から主観的にとらえる、その作品のフィナーレで、圧倒的な天の河を描き出した。「火の子は天の河のなかにひろがり散って、島村はまた天の河へ掬《すく》い上げられてゆくよう」に感じられ、また、「天の河は島村の身を浸して流れて、地の果てに立っているかのようにも感じさせ」る。そうして、「さあと音を立てて天の河が島村のなかへ流れ落ちるようであった」として一編を閉じるのである。「天の川」と言い、「銀河」とも呼ぶように、無数の星の一団を川の流れに喩えてきた伝統的な発想が基盤にあるとはいえ、それが自分の体内にまで流れこむという圧倒的なイメージが読者を驚かす。

空気——先祖の霊

有島武郎の『生れ出づる悩み』に現れる「凍り付いたように寒く沈み切った空気」もあれば、徳永直の『太陽のない街』に充満する「ゼンマイの毀《こわ》れたボンボン時計のようにとっつきの悪い空気」もある。かと思うと、井上靖の『猟銃』には「立ちこめる空気だけがただ一途に、砂漠のように、ざらざらと妙に冷たく荒れていった」とあり、岡本かの子の『落城後の女』には「若い豹《ひょう》の毛皮にでも包まれているような、精悍《せいかん》で優婉《ゆうえん》な肌ざわりの空気」もあり、同じ作家の『母子叙情』には「攪《か》き廻されて濃くなった部屋の空気は、サフランの花を踏み躙《にじ》ったような一種の甘い妖《あや》しい匂いに充ち」るとある。向田邦子の『りんごの涙』には「空気が葛湯《くずゆ》のように重たくなってくる」とあり、「こういう時は、何かしゃべった方がいい」と続く。どれもこれも感覚的な描写である。

福永武彦の『草の花』に、「音楽の余韻が漂っているように、空気は生暖かく重たかった」とある例は、「余韻」というイメージを温度や重さと関連させた発想が注目される。黒井千次の『群棲《ぐんせい》』に「部屋の空気が戸惑うように震え、やがて音を殺した息を吐く」とある例では、「空気」を「戸惑う」と擬人化し、そのイメージを「息を吐く」と展開させている。石川達三の『三代の矜持《きょうじ》』では、「田舎びた大きな家の中には、先祖の霊の歩きまわる足音が絶えず聞えてくるとでもいうような憂鬱な空気が重くとざしていた」と、「先祖の霊が歩きまわる」という不気味なイメージを導入する試みで、田舎の旧家の大きな屋敷に漂う重苦しい空気を沈鬱に表現している。

風——毛髪を吹きほじる

空気が動いて流れれば「風」となる。広津和郎は『やもり』で「マストにあたるのか、煙突にあたるのか、それとも船全体にあたってそういう響きをたてるのか、まるで烈しい笛の音のように、ヒュウヒュウヒュウと鳴る風の音」と、強い海風の音響を「笛の音」のイメージに擬音語を添えて描き出した。

葉山嘉樹は『海に生くる人々』で「剃刀《かみそり》の刃のような冷たい風がシュッシュッと吹き込んだ」と、「剃刀の刃」のイメージに、これも擬音語を添えて描く。

永井荷風は『すみだ川』で、「掌でびしゃりと横面を張り撲《なぐ》るような河風」と、平手で横面を張るイメージに、これもまた擬音語を添えて、鋭い感じを演出してみせた。

一方、堀辰雄は『風立ちぬ』で「ときおり軟らかな風が向うの生墻《いけがき》の間から抑えつけられていた呼吸かなんぞのように押し出されて」と書き、人の息のイメージで軟らかな風の雰囲気を強調している。

それにしても、田村俊子が『木乃伊《ミイラ》の口紅』で、「墓地の方からは、人間の毛髪の一本一本を根元から吹きほじって行くような冷めたい風が吹いて来た」と書いた例は、読者の心までひんやりとさせる。「無数の死を築く」と形容した墓場を通って吹いて来る風だけに、こういう連想が働くのだろうが、一本ずつ根元からほじくるというイメージがすごい。

雲——眼に見える風

すでに慣用となっている「入道雲」を代表に、さまざまな雲の色や形は多様な連想をかきたてる。長塚節は『土』で、「ふわふわとした綿のような白い雲」と「綿」のイメージでとらえ、「日の光がその凄《すご》い雲の色を和《やわ》らげて「天鵞絨《ビロード》のような滑らかな感じを与えた」とビロードの感触を連想し、「棒のような雲」、「泥をちぎって投げたような雲」と連想を広げ、「どこからか迷い出して落ち着く場所を見出しかねて困っているような白い雲」とその身になって同情を寄せることもある。

川端康成は『童謡』に「投げつけたような形の白雲が海を走り」と書き、檀一雄は『佐久の夕映』に「墨色の刷毛《はけ》でパッパッと刷《は》きなぐったような雲」と書き、椎名誠も『犬の系譜』に「白ペンキで雑に塗りつけたような小さな雲」と書いている。

庄野英二は『星の牧場』に「ハンカチのような白い雲」と書き、「青空に白い雲」が浮かんでいるのを眺めては「馬が何頭も何頭も後先になりながら走っていくような形」と想像をたくましくする。干刈あがたは『雲とブラウス』で「あの雲、ポップコーンみたいだな」と新しいイメージを打ち出した。

田村俊子の『木乃伊《ミイラ》の口紅』には「煙りのような優しい白い雲」とあり、武田泰淳の『風媒花』には「軽い煙のような黒雲」とある。夏目漱石も『坊っちゃん』で「線香の煙のような雲」と、煙は煙でも、「線香の煙」というイメージで小ばかにしたように書いている。その漱石が『明暗』では「その雲は眼に見える風のようにたえず動いていた」と書いた。風そのものは目に見えないが、雲が動くので風のあることがわかる。「眼に見える風」というイメージが読者の意表をついて、知的な関心をひきつける。

霧——影のない人間

徳田秋声は『足迹』に「広い東京市中が、海のような濛靄《もや》の中に果てもなく拡がって見えたり」と、「海」という広いイメージで強調して描いた。壺井栄は『二十四の瞳』に「静かな海に靄《もや》はふかくたちこめていて」と書く。ここは比喩イメージではなく、ほんとの海だ。そして、「岬の村は夢のなかに浮かんでいるように見えた」と続く。ぼうっと霞《かす》んで見えるところから「夢」が連想されるのだろう。尾崎士郎の『人生劇場』にも、「朝霧がうすく地上を這《は》って、古川堤に三人の影法師が夢のようにうかびあがった」と、やはり「夢」のイメージで比喩表現が展開する。

大江健三郎の『死者の奢《おご》り』には「図書館の煉瓦《れんが》壁にも、半透明な霧の膜がからみつき、よく発達した黴《かび》に似ている」とあり、「黴」という思いがけない連想が働いている。

石坂洋次郎の『山のかなたに』には「風が霧の流れを幕のようにはためかせて」とあり、こちらは「膜」でなく「幕」のイメージが働いている。これは穏かな連想だろう。同じ作品に、「白い霧が濛々《もうもう》と渦巻くばかり――」とあり、「その感覚は胸をキュンと締めつけるほど不気味なものだった」と続く。「影をもたない人間を見てるように」という、まさに不気味な比喩イメージが読者の脳裏をよぎる。

雨――葱をちぎって放る

夏目漱石は『明暗』に「点滴の珠を表面に残して砕けて行く雨の糸」と書いた。線状に落ちてくる雨から「糸」を連想する例は多い。長塚節の『土』に「白い菅糸《すげいと》のような雨」とあり、田宮虎彦の『絵本』に「しとしとと絹糸のように降りつづけている」とあるのはその一例にすぎず、小林多喜二の『蟹工船』には「納豆の糸のような雨」という例も出る。

雨の糸が太く見えると、石坂洋次郎『山のかなたに』の「太い針金のように光る雨の線」や、林芙美子『ボルネオダイヤ』の「細引きのような太い雨」のような連想となる。

また、それが面のように見えると、連想が違う。石坂は『若い人』に「風に煽《あお》られた雨の筋が幕のように白くはためいて」と書き、丸谷才一はその名も『横しぐれ』という作品に、「雨が横さまに簾《すだれ》のようになってそそいだ」と書いている。同じ作品で丸谷は、土砂降りの雨を「天からたたきつけられたように感じた」と書いた。雷雨となれば、また連想が違う。北杜夫は『谿間《たにま》にて』に

「絨毯《じゅうたん》爆撃のように凄《すさ》まじい破裂音がとどろいた」と書いている。ここは音から連想した比喩的イメージである。

岡本かの子が『花は勁《つよ》し』に書いた「生毛《うぶげ》のように柔く短く截《き》れて降る春雨」の例や、林芙美子が『うずしお』に書いた「白い葱《ねぎ》をちぎって放るような雨」の例も印象に残る。

雪——大気をおしわける

阿川弘之の『雲の墓標』に「綿のようなやわらかい雪が、はじめは吸いとられるように土に消えていた」とある。やわらかい感触を「綿」のイメージで描いた比喩である。

三島由紀夫の『金閣寺』には「雪片はごく薄い錫《すず》の箔《はく》をうちあてるような音を立てて」とある。これは「錫の箔」というイメージの比喩だが、見かけではなく音である。

金沢に生まれた室生犀星は、『性に眼覚める頃』で「霰《あられ》が二三度ふってきてから、国境の山々の姿は日に深く、削り立てたような、厚い積雪の重みに輝いていた」と、雪国の姿を写生した。川端康成は『雪国』で「一面の雪の凍りつく音が地の底深く鳴っているような、厳しい夜景」と、越後湯沢の夜の風景を、地面の底で鳴っている「雪の凍りつく音」という思いがけないイメージで比喩的に描きとった。同じ作品に「窓で区切られた灰色の空から大きい牡丹雪《ぼたんゆき》がほうっとこちらへ浮び流れて来る」と、「ほうっと」というこの作家独特のオノマトペを利かせて書いたあと、そこに「なんだか静かな嘘《うそ》のようだった」という、読者が脳裏に映像を浮かべようのない「嘘」などというイメージを創出して比喩表現を完成させる。作品に非現実性を添え、とらえがたい美の世界を持ち込むのだ。

幸田文は『流れる』で、いったい雪は天のどこから落ちてくるのだろうと想像し、「雪は大気をおしわけるようにゆっくりと、黒く、白く、まばらに降りてくる」と、素朴な実感を特有の感覚で描いてみせた。「大気をおしわける」というイメージが新鮮に響く。

雷――大気を引き裂く

「雷」のイメージは、「雷鳴」という聴覚的印象と、「稲光」「稲妻」という視覚的印象とから成る。有島武郎は『或る女』で「稲妻が空を縫って走る」と書いた。大空にジグザグ模様を刻むところから「縫う」というイメージと結びついたのだろう。火野葦平は『麦と兵隊』で「稲妻がアセチリン瓦斯《ガス》のように青く光り、すぐ頭の上で凄《すご》い雷鳴が轟《とどろ》きわたる」と、「アセチリンガス」のイメージで比喩的に描いている。この作家は『糞尿譚《ふんにょうたん》』で音に注目し、「石臼をひくように遠くから起って来た雷」と、遠い雷の音響を、ゴロゴロ挽く「石臼」のイメージで比喩に仕立てる。

石坂洋次郎は『山のかなたに』に、「雷が鳴り出した。大気をまっ二つに引き裂くような烈しい振動があり、赤い火箭《ひや》が竿《さお》を継ぎ足すように、ジグザグと鋭くつっ走った」というふうに、「大気を引き裂く」というスケールの大きなイメージに、火を仕掛けて放つ矢という鋭いイメージとを連続させ、雷の物凄《ものすご》さを印象づける比喩表現を読者に放つ。

火――べろべろと

有島武郎は『生れ出づる悩み』に「土間の竈《かまど》には火が暖い光を放って水飴《みずあめ》のように軟かく撓《しな》いながら燃えている」と書いている。火の動くさまを「水飴」のイメージに「撓う」という動詞をあしらって比喩的に描き出した例である。

室生犀星の『杏っ子』に出てくる「金魚状の火の舌なめずり」という隠喩表現も似た雰囲気だが、こちらは伝統的で慣用的な連想かもしれない。もっとも、「ふいごの口から、まっ赤な炎が、まるで竜の舌べらのようにふきだしていた」という小出正吾の『逢《お》う魔が時』の例などになると、発想は似ていても工夫が見られるようだ。

「牛が舌を出して鼻を舐《な》めずっているような焔《ほのお》」という長塚節『土』の例も同様だが、この作品には「愚弄するような火がべろべろと拡がっても」という比喩表現もある。「愚弄する」と生きもののイメージでとらえて意図的な雰囲気を出してあり、「べろべろと」という擬態語も効果的に働いているように思われる。

水――月光の滴り

室生犀星は『性に眼覚める頃』で「桶《おけ》からはみ出た水が光って、まるで白刃のように新しい朝日に輝いていた」と書く。「水」を「白刃」のイメージで鋭くとらえた比喩である。

徳田秋声は『縮図』に「氷柱《つらら》の簾《すだれ》が檐《のき》に下っており、銀の大蛇《おろち》のように朝の光線に輝いている」と書いている。つららの連続を「すだれ」に見立て、それにさらに「おろち」のイメージを重ねて、比喩の迫力を高めている。

岡本かの子は『花は勁《つよ》し』で「縁側の金魚の硝子箱は綺麗に掃除され、折角《せっかく》青みどろの溜った水は、截《き》りたての晒木綿《さらしもめん》のような生《き》の水に代えられてあった」と書いている。「折角」という語から、いささか不満そうな筆致が感じられ、「晒木綿」のイメージに物足りない翳《かげ》の添う複雑な比喩表現のように思われる。横光利一は『時間』で、「まるで月光の滴りでも落してあるかのように病人の口の中へその水の滴を落してやった」と、「月光の滴り」などという読者の思ってもみない新感覚のイメージを創出し、貴重な雰囲気を漂わせてみせた。

海——真赤な声を潜めて

檀一雄の『花筐』に「朝凪《あさなぎ》が波を消し海は太古のような静かな威厳に満ちている」とあり、「太古」という時代をイメージにして、威厳に満ちた雰囲気を醸《かも》しだした比喩表現である。

新感覚派の代表的な作家であった横光利一は、『花園の思想』で、「海面は血を流した俎板《まないた》のように、真赤な声を潜《ひそ》めて静まっていた」と暴力的なまでに斬新な比喩を展開し、読者を驚かせた。「海面」から「血を流した俎板」を連想するだけでも意外なのに、「真赤な声」などと声に着色し、しかも、海がそれを「潜める」と解釈した例である。

岡本かの子は『やがて五月に』で「旱魃《かんばつ》が続いて、海は煮詰まった紺色に膨れ上る」と書いている。海水を「煮詰まった」ととらえたイメージが読みどころだろう。

井上靖は『猟銃』で「チューブから搾ってなすり付けたようなプルシャン・ブルーの、真冬の海」と書いている。チューブから搾ってそのまま……といった発想に、読者は梶井基次郎の『檸檬』を思い出すかもしれない。

太宰治は『斜陽』で「真昼の光を浴びて、海が、ガラスの破片のようにどぎつく光って」と書いている。見方によっては美しい風景のようにも思える。作者が「ガラスの破片」を連想し、「どぎつい」とマイナス評価して描写したのは、「やりきれない淋しさに覆われ」て「外を見」たという状況だったからだろう。

川――痙攣の発作

佐藤春夫の『田園の憂鬱』に、さまざまな川の流れの描写が出てくる。「浅く走って行く水」については、「縮緬《ちりめん》の皺《しわ》のように繊細に」というイメージと、「ぴくぴくする痙攣《けいれん》の発作」といった思いがけないイメージとを駆使し、比喩の連鎖で描く。

「流れ出て来た水」は「うねりうねって、解きほぐした絹糸の束のようにつやつやしくなよやかに揺れながら流れた」という描写もある。ここでは「絹糸の束」のイメージに託し、「つやつやしくなよやか」な感じを描いている。

「涼しい風が低く吹いて水の面を滑る時には、そこは細長い瞬間的な銀箔《ぎんぱく》であった」と、光のいたずらのように、一瞬だけ実現する「銀箔」というイメージで描いている。

「その小さな輝きが魚の鱗《うろこ》のように重なり合っている」と、光の作用を「魚の鱗」のイメージでとらえている箇所もある。

なお、川の水ではないが、小川洋子は『夕暮れの給食室と雨のプール』という長い題の小説で、「プールの表面は一面、雨粒が作り出す水模様のせいで、無数の小魚が餌を欲しがってうごめいている」ように見えたと書いている。よく似た連想の比喩表現である。

山――どてら姿の大親分

島崎藤村は『夜明け前』に「山岳は屏風《びょうぶ》を立て廻したように、その高い街道の位置から東の方に望まれる」と、山を「屏風」のイメージで描いた。深田久弥も『四季の山登り』で、「伊那谷と木曾谷を屏風のように仕切って、蜿蜒《えんえん》と連なっている木曾山脈」と、同じく「屏風」の連想による比喩表現を用いている。

有島武郎は『生れ出づる悩み』で、「突然水際に走りよった奔馬が、揃《そろ》えた前脚を踏み立てて、思わず平頸《ひらくび》を高く聳《そび》やかしたように、山は急にそそり立って」と書いた。奔馬の動きのあるイメージで、どっしりとしているはずの山に躍動感を与えた比喩表現である。

堀辰雄は『菜穂子』で、「すっかり葉の落ち尽した無数の唐松の間から、灰色に曇った空のなかに象嵌《ぞうがん》したような雪の浅間山が見えて来た」と、「象嵌細工」のイメージを持ち込んで、その驚きを示した。檀一雄は『佐久の夕映』で、「浅間の美しさは限りなかった。美しいというよりは、いっそなまめかしい。怠惰な裸女の寝姿のようだった」と、「人の寝姿」を連想する。「怠惰な裸女」のイメージが、より個性的に感じさせているのかもしれない。

太宰治は『富嶽《ふがく》百景』全編にわたり、その時その時の心情の反映する、実にさまざまな富士山の姿を描いてみせた。まず冒頭で浮世絵の富士に言及し、「北斎にいたっては、その頂角、ほとんど三十度くらい、エッフェル鉄塔のような富士をさえ描いている」と記した。パリのエッフェル塔のイメージを持ち込んだ比喩だ。「富士が、したたるように青いのだ」と感動を陳《の》べた箇所もある。「滴る」という水分を含む動詞で潤いを添えた比喩である。

「のっそり突っ立っている富士山、そのときの富士はまるで、どてら姿に、ふところ手して傲然《ごうぜん》とかまえている大親分にさえ見えた」と、自身が苦しんでいる状況で、頼もしく見える富士の姿を、いささか時代がかったイメージで、どっしりと安心感を与える姿に描き出している。

最後は、「安宿の廊下の汚い欄干によりかかり、富士を見ると、甲府の富士は山々のうしろから、三分の一ほど顔を出している。酸漿《ほおずき》に似ていた」と書く。「安宿」「汚い」と書くあたりに当時の心境が覗《のぞ》き見え、「酸漿」というイメージでは読者の心も浮き立ってこない。

木――床屋に行かない頭

泉鏡花は『高野聖《こうやひじり》』に「譬《たと》えにもよくいうが松の木は蟒《うわばみ》に似ているで」と書いている。「譬えにもよくいう」とあるように、松の木の盛り上がった根の形は「大蛇」を連想させやすいから、読者もイメージがわきやすい。

野上弥生子は『哀しき少年』で、「散る古葉が、萌黄《もえぎ》っぽい緑に悉《ことごと》くふり落され、なにか羽の抜け変った大きな鳥のようにうっそうと若やいだその樫《かし》の老樹」と書いた。葉を落とした樫の老木に、羽の抜け変わった鳥を連想した例で、慣用的ではないが姿は想像しやすい。

宮本百合子は『伸子』に「大きな冬枯れの樹木があった。箒《ほうき》を逆さにして空に冲《ひ》らせたようなその梢」と書いている。「ひひる」は閃き飛び上がる意の動詞。逆さにした箒のイメージは発想として読者の意表をつくが、形はすぐ目に浮かぶだろう。

大岡昇平は『武蔵野夫人』に「野面にはそこここに低い木立が島のように影をはらんで屯《たむろ》していた」と書いている。特定の種類の木ではないが、低い木立を「島」のイメージでとらえた比喩だ。「影をはらむ」と感じ、「たむろする」と擬人化したユニークな例である。

小沼丹は『枯葉』に、「狭い庭に雑然と植わっている木は茂り放題に茂って、長いこと床屋に行かない頭のようになった」と書いている。剪定《せんてい》もせずにほったらかして乱雑に茂った庭を、床屋に行かず髪がぼうぼうになった無精な頭のイメージでとらえた比喩である。

花 ——夢のしたたり

夏目漱石は『草枕』で椿《つばき》の花の散るようすを長々と描いている。その一つに、「また一つ大きいのが血を塗った、人魂《ひとだま》のように落ちる」という描写がある。真っ赤な大きな椿の花が形も崩れずにそのまま落ちるところから「血を塗った人魂」を連想した例である。

田村俊子の『木乃伊《ミイラ》の口紅』には、桜の花から、「誰かの若い思いを欺こうとする無残な微笑の影」を連想する比喩的な表現が現れる。林芙美子もまた『めかくし鳳凰《ほうおう》』で、「笑いさざめいているような花盛りを眺めた」と擬人的に描いている。蕾《つぼみ》が開いて花が咲くのは、唇を開いて笑うイメージと通い合う。動詞の「笑う」と「割れる」は最初のｗａｒの部分が共通しているように、語源的に関連があるそうだから、「咲く」と「裂く」との通い合うこの例も偶然ではないのかもしれない。

岡本かの子は『母子叙情』に、「初夏の晴れた空に夢のしたたりのように、あちこちに咲き迸《ほとばし》るマロニエの花」と書いてみせた。「夢」という現象を表す抽象的な存在と、液体用の「したたり」という名詞とを結びつけ、さらに、これも液体を連想させやすい「ほとばしる」という動詞まで駆使して、イメージを華やかに彩った比喩表現である。

佐藤春夫の『田園の憂鬱』には、薔薇《ばら》の花に思いを寄せる痛々しいまでの絶唱が見られる。「花はまたこの頃の長い長い雨に、花片はことごとく紙片のようによれよれになって、濡《ぬ》れに濡れて砕けて居た」と、花びら、すなわち「花片」を「紙片」のイメージでとらえ、ことばや音の反復を利かせて、嫋々《じょうじょう》たる余韻を響かせたあと、もう一度、「砕けて咲いた」と変形させたことばを添えて、流れるようなリフレーンを印象づけるのである。

小沼丹は『煙』に、白楽天すなわち白居易《はくきょい》の『長恨歌《ちょうごんか》』の文句「梨花一枝《りかいっし》春の雨を帯ぶ」に触発されて梨の花が見たくなり、庭に梨の木を植えた話が出てくる。「雨が降ったから楊貴妃《ようきひ》を想い出して庭の梨の花を見たら」とあり、「僅《わず》かばかりの花がしょんぼり雨に濡れていた」と続く。花なのに「しょんぼり」とあるのは、梨の木を人間並みに扱った擬人化の例に相当する。

そういう目で見るせいか、「何だか泣べそをかいているよう」な雰囲気で、「涙を含む幽艶《ゆうえん》なる美女の風情など求むべくもなかった」という。

葉――風にほどける

鈴木三重吉の『千鳥』に「水の底には、泥を被った水草の葉が、泥へ彫刻したようになっている」とある。「彫刻」のイメージを呼び出した比喩表現だ。

有吉佐和子の『紀ノ川』に「葉が繁って、木の下はまるで青い海が出来たような午後であった」とある。「海」をイメージとした比喩表現である。

小出正吾の『芭蕉の庭』に、大きな芭蕉の葉に驚いた子供が「このでっかい葉っぱの植物はなんだい？　まるで、うちわのおばけみたいだね？」と言う場面が出てくる。比喩表現などという気持ちはなかっただろうが、その子がばかでかい「団扇《うちわ》」を連想したことは事実である。

林芙美子は『魚の序文』に「若葉が風にまるでほどけて行くようであった」と書いた。縫い目や結び目が自然に解けてばらけるといった意味合いの「ほどける」という動詞を用いることにより、

「若葉」をまるで編み物のようなイメージで比喩的に表現した例である。

竹西寛子は『天馬の丘』で山の紅葉に心を通わせ、「燃えたつばかり」と書いたあと、「凋落《ちょうらく》の時までもあと幾日かと思えば、こちらまで染まりそうな色にもひとしおあわれが添う」と続けた。見ている人間のほうもその燃えるような赤に染まってしまいそうに錯覚するほど、それは吸い込まれるまでに深い色だったのだろう。作者の感動の映る比喩表現だ。

猿――憂鬱そうに空を仰ぐ

川端康成は『春景色』で、小猿のようすを「小憎らしい梅干婆さんのように、まことにおとなしくきょとんとしている」と、「梅干婆さん」のイメージで人間めかして描いた。

小沼丹も、まさにずばり『猿』と題した初期の随筆で、人によく似た猿を描出している。とぼけて単に「役者」として登場させる、猿まわしの猿は、もんぺを穿《は》かせられて「頗《すこぶ》る不満らしい顔をし」、「妙な横眼で」見物人のほうを見たり、「この野郎とでも云うように相手を振向いた」り、「知らん顔をして蚤《のみ》を取る恰好《かっこう》をし」たりする。最後は、「木の丸椅子の上に坐って、何やら憂鬱そうに空を仰いだり」する、ひどく人間じみた姿に造形する。

犬――選挙のポスター

志賀直哉の『万暦赤絵』に「犬はごむ鞠《まり》のように店員にとびついた」と、「ゴムまり」のイメージでとらえた犬が描かれている。芥川龍之介の『偸盗《ちゅうとう》』では「黒雲に足のはえたような犬の群れ」と、集団とはいえ思いがけない「黒雲」に喩えられている。小出正吾の『名犬コロのものがたり』には「からだじゅうがまっくろ」なのに「しっぽの下からひざのへんまでがまっ白」で、「黒熊が運動パンツをはいたようなかっこう」の犬も登場する。

永井龍男は『風ふたたび』で、犬が「小便を、やたらにひっかけるのは」「自分の勢力範囲と、縄張りを宣伝する行為」と解説したあと、「選挙のポスターみたいなもんだな」と比喩的連想を展開する。小沼丹は『タロオ』で、名前を呼ぶと「仔犬《こいぬ》は人の好《よ》さそうな」と書きかけ、「いや、犬の好さそうな顔をして大寺さんを見上げた」と訂正を試みる。作者の目を細めた顔が見えるようだ。明確な擬人法ではないが、人間扱いしている雰囲気が漂う。

猫――歯牙にも掛けぬ風情

梶井基次郎は『愛撫《あいぶ》』で「爪のない猫」を想像し、それに「空想を失ってしまった詩人」というイメージを重ねた。『交尾』では「ブールヴァールを歩く貴婦人のように悠々と歩く」と、猫をシヤンゼリゼあたりをそぞろ歩くパリジェンヌの優雅なイメージで描いている。

小沼丹も『黒と白の猫』と題する小説で、「人間にするとさしずめ巴里《パリ》の御婦人ぐらいには見えぬ事もない」と述べている。「美人という言葉を耳にした訳でもあるまいが、ちょいと気取って」だとか、ともかくこの作品では、猫を徹底して人間めかして描く。

「不届きな無断侵入を試みた」ともある。猫がよその家に入る際にいちいち声を掛けて案内を請うはずはないから、そういうあたりまえの情報をわざわざ書くのは、猫を人間扱いしたことになる。「涼しい顔をして化粧なんかしている」とか、「猫としては挨拶の心算《つもり》だったのかもしれぬ」とか、「その旨を猫に伝えたわけでも無いのに、猫の方は何やら心得顔に」とかという調子である。特に、「猫は落着き払って、細君なぞ歯牙にも掛けぬ風情を示した」という表現は、作中の「細君」のモデル、今は亡きあの細君に対する鎮魂の心をひた隠し、ユーモアセンスをことさら目立たせるこの作品にあって、それを象徴する一文であったかもしれない。

鼠――給食の時間

開高健は『パニック』に「猫のようなネズミ、それは料飲街の壁裏に住む特有の種族だ」と書いている。鳴き声がそっくりなのではなく、ばかでかい体なのだろう。「鼠《ねずみ》」を「猫」のイメージでとらえた意外な比喩であり、これでは猫も命がけだろうと可笑しい。

同じ作品に「彼らはちょっと数えきれないほどたくさん集まり、甲高い声で小学校のようにさわぎつつ食事をしていた」という箇所も見られる。「彼ら」と呼ばれるのは人間ではなく鼠の集団だ。それなのに、「餌を漁《あさ》る」でなく「食事」と書いてある。「小学校」というイメージで展開するため、「甲高い」のも小学生の声かと、読者はつい想像して笑う。

象——横文字の新聞

川端康成は『春景色』で象をさまざまなイメージで比喩的に描き出している。「象が前足を百姓娘のはにかみのように内輪につぼめ」と、「百姓娘のはにかみ」を連想させるくだりもあれば、「後足を鳥居のように拡げて尿《いばり》をした」というふうに、神社の鳥居のイメージを持ち込むこともある。「象は調教師の革鞭《かわむち》のような尻尾を、きりきり振り廻していた」というふうに、「調教師」という縁のあるイメージを呼びこむ例もある。象の特徴であるあの長い鼻については、「尺取虫のように伸び縮みしている」とか、「さなだ虫のように巻いたりほぐれたりする」とかと、虫のイメージの比喩を採用している。さらに、その鼻が巻き上がると、「赤貝のような口が見え」、その唇は「穏やかな海がなめらかな岩を舐《な》めるようにペラペラと動く」と比喩がまだ続く。

堀辰雄の『旅の絵』には、「象の皮膚はなんだか横文字の新聞を丸めたのをもう一度引き伸ばして貼りつけたように、皺《しわ》だらけで、くしゃくしゃになっている」という描写が出てくる。単に「新聞」とせずに「横文字の」と限定するあたり、なかなか芸が細かい。読者も何だかそんな感じがしてくるから、妙に可笑しい。

雲雀――空気が蚤に

夏目漱石は『草枕』で、雲雀《ひばり》の生態をイメージゆたかに幻想的に描き出した。どこで鳴いているのか影も形も見えないのに、「瞬時の余裕」もなく「せっせと忙《せわ》しく、絶間なく鳴いて居る」雲雀の声で気分の落ち着かないようすを、「方幾里の空気が一面に蚤《のみ》に刺されて居たたまれない様な気がする」というふうに、空気が蚤に刺されるなどという誰も考えないイメージを持ち出して誇張し、まず読者の笑いを誘う。

そのあと、雲雀のもう一つの特徴である、上空へ上空へと昇る習性を、「どこ迄も登って行く、いつ迄も登って行く」というふうに空間的・時間的な連続性を強調して反復する。そのあとで、作者は実に逞《たくま》しく空想を働かせる。「雲雀は屹度《きっと》雲の中で死ぬに相違ない」とイメージ化し、「登り詰めた揚句は、流れて雲に入《い》って、漂うて居るうちに形は消えてなくなって、只《ただ》声丈《だけ》が空の裡《うち》に残るのかも知れない」と書くのである。読者はしいんと黙ることだろう。

蛙――ぼろんぼろん

志賀直哉は『菜の花と小娘』で、一度もぐって不意に浮かび上がったいぼ蛙《がえる》を「口の尖った意地の悪そうな、あの河童《かっぱ》のような顔」と、「河童」のイメージを呼びこみ、「意地の悪そうな」と性格にまで想像を広げて書いている。

林芙美子は『浮雲』で、食用蛙の声を「ぼろんぼろん」と聴き取り、「雨滴《あまだれ》のように何時までも二人の耳についていた」と一度「雨だれ」のイメージでとらえ、他の箇所では「太棹《ふとざお》の三味線でも聴いているように」と三味《しゃみ》の音《ね》に喩えている。

一九七六年七月三十日の午後、東京八王子の瀧井孝作邸を訪問した折、「創作態度という点から入りますが」と前置きし、『無限抱擁』の自作解説に「自身の直接経験を正直に一分一厘も歪めずこしらえずに写生した」と記してある話題からインタビューを始めた。その流れで、狐の鳴き声はコンコンでなく「シャアッ、シャアッ」で、蛙もゲロゲロでなく「コト・コト、コロ・コロ、ギル・ギル」となっているあたりも実際の印象を写生したものかと問うと、この作家は即座に「そのとき聞いた実感で、間違いないと思うな」と答えた。

長塚節の『土』には「きろきろきろきろと風船玉を擦り合わせるような蛙の声」とある。種類によってヴァリエーションはあるのだろうが、カ行音かガ行音と、ラ行音特にロとの組み合わせが目立つという、擬音語の音構成が興味深い。

虫――煙のような声

鈴木三重吉は『桑の実』に、「暗い土の上に水のような色でも広がるように、じいいという煙のような声が立ち浸《し》みている」とイメージゆたかに書いている。繊細な感覚がそう描きとったのだろう。ミミズの声だという。「水のような色が広がる」という視覚的なイメージ、「じいい」という擬音語、「煙のような声」という矛盾を孕《はら》んだ比喩、そして、「立ち浸みる」といった、意味的に通常「声」には結びつかない述語。それなのに読者には何となくわかるから不思議だ。

虫の鳴き声については、梶井基次郎の『城のある町にて』に「質の緻密な玉を硬度の高い金属ではじくような虫」という硬質の音色の例があるが、一般には糸、または糸を紡ぐイメージでとらえる例が目立つ。永井荷風『濹東綺譚《ぼくとうきたん》』に「一筋二筋と糸のように残って聞えた虫の音」とあり、鈴木三重吉『桑の実』に「まだ早い蟋蟀《こおろぎ》が一匹、ひそひそと青白い糸を引くように鳴いている」とあるのはその典型だ。岡本かの子『落城後の女』には、「季節と季節を繋《つな》ぐ糸は断ち切られても、なお一筋二筋、かすかに秋を繋ぎ止めているとでもいうような鳴き声で蟋蟀が聞える」とあるのも、その延長線上の例と言えるだろう。

魚――虹のような脱糞

室生犀星は『あにいもうと』で「嘘《うそ》つきのような口をあけたぎちぎちした鱒《ます》」と書き、「女の足のようにべっとりと動かなくなる」とも書いている。横光利一は『花園の思想』で「鮪《まぐろ》は計画を貯えた砲弾のように落ちつき払って並んでいた」と「砲弾」のイメージを導入し、『春は馬車に乗って』では鮟鱇《あんこう》を「踊り疲れた海のピエロ」に喩える。堀田善衛は『鬼無鬼島』で、水面すれすれを飛ぶ飛び魚を「バッタが飛び散るよう」と喩えている。

岡本かの子は『金魚撩乱』で金魚を描写し、「日を透けて着色する長い虹のような脱糞《だっぷん》をした」とイメージで美化している。竹西寛子は『緋鯉《ひごい》』で、鯉が「ゴム輪の上を通り過ぎる時、からだを横に倒しながら、尾鰭《おびれ》をはげしく打ちつける」さまを、「鱗《うろこ》の汚れを拭い取っているように見えた。からだをマッサージしているようにもまた、時によっては、痒《かゆ》みを掻《か》いているようにも見えた」と、さまざまな比喩を駆使して描いた。このようなイメージにより、鯉がひどく人間めいて感じられ、擬人的な効果を重ねている。

髪——闇が染める

昨今は虹のように色が変わるが、古来、日本女性は、「髪は烏の濡れ羽色」と、雨に濡れた烏の羽のような、しっとりと艶のある黒い髪を理想とし、それに憧れてきた。川端康成『雪国』に「駒子の髪の黒過ぎるのが、日陰の山峡《やまかい》の侘《わび》しさのために反《かえ》ってみじめに見えた」とあり、尾崎一雄『父祖の地』にも「祖母は気味悪いほど真黒な、少し癖ある髪」とあり、円地文子も『妖』で「黒すぎる髪の毛が布のように額にべったり張りついている老女の顔」と書いたように、程度やバランスがあり、むろん黒ければ黒いほどいいという単純なものではない。

しかし、三島由紀夫の戯曲『鹿鳴館』にはこうある。「会わないでいた二十年の間というもの、夜の闇が夜毎に染めて、ますます黒く、ますます長く、ますますつややかになったこの髪」と、「夜の闇」が髪を黒く染めるというイメージを連想し、「あなたのその黒いつやつやとした髪の毛に誓えばいいのだ」という芝居がかった台詞《せりふ》を吐かせるのだ。そうして、「髪がすっかり白くなり、私が女でなくなるときに、曙《あけぼの》がその白髪を染めるのですわ」と、今度は「曙」が髪を染めるというイメージを創出して、表現の均衡を保つのである。

額 ――むくむくと

嘉村礒多の『秋立つまで』に「殺気立って蟀谷《こめかみ》にむくむくと幾条《いくすじ》もの青筋を這《は》わして、歯をがちがち鳴らし乍《なが》ら座を蹴立てて突掛るカッ子の白まなこに一滴の血のしたたりを見た気がして、私の頭にもカーッと血が沸き上った」という一節が出てくる。読者をも興奮状態に導くほどの、殺気だった描写である。なかでも「蟀谷にむくむくと幾条もの青筋を這わして」というあたりはすごい迫力だ。「むくむくと」という擬態語で、青筋が太く盛り上がり頭をもたげるさまを生き生きと伝える。そして、「這う」という動詞を持ち込み、怒り狂う青筋を「蛇」のイメージでのたうつように描くのである。

川端康成の『名人』に「こめかみから額にかけて浮き出た血管も、影を持ってうつっていた」という描写がある。囲碁の呉秀哉名人がいくら痩身だったにしろ、写真に影を残すまでに浮き出た血管という描き方はいささか衝撃的である。

睫毛 ――影を落とす

川端康成『雪国』のヒロイン駒子の睫毛《まつげ》を「女が黒い眼を半ば開いているのかと、近々のぞきこんでみると、それは睫毛であった」と書いている。薄目を開けているのかと見間違えるほどに濃く豊かな睫毛だったというのだ。

宇野千代の『色ざんげ』に「窓からさすうす日をうけて半眼に開いているつゆ子の瞼《まぶた》は庇《ひさし》のように濃い睫毛の影を頬に落し」とある。瞼を見るとその先に長い睫毛が見える。「庇」を連想するほどだから、かなりの量感だ。その先にある頬に視線を移すと、ひとところ薄暗く、どうやら睫毛の影が映っているらしい。やわらかに薄日をさえぎって頬に影を落とすという、この女の睫毛は、読者に鮮烈な印象を刻むことだろう。

眼――咲くという眼なざし

芸者置屋の女中である主人公の梨花の視点から、まず「じいっとこちらを見つめている眼が美しい」と、見つめられその視線を浴びる側から感覚的な印象を記し、「重い花弁がひろがってくるような」と、瞼を「花弁」のイメージで続けたあと、「咲くという眼なざしだった」と、その比喩を完成させる。

そこからこの作家は心理的効果に言及し、「匂うものが梨花へ送られた」と書く。視線を通じて、眼の奥にある、その人間の心のありようが相手に響き、梨花はそれにいい印象を受ける。「美しい心」がおのずと匂い出たものかと、梨花はしばし不思議な気持ちになる。

吉行淳之介の『原色の街』には、「とうとう我慢できなくなってしまったの。男たちの眼つきが」とある。特殊飲食店の並ぶ街の女が、道を通る男たちのもの欲しげな視線に嫌気がさす本音のせりふだ。「この女は、金でなんとかなるかな、いくら位でついて来るかしら、それともタダでうまく浮気できるかな、という、あの舐《な》めまわすような、疑りぶかい湿った眼」というのがそれである。目つきひとつに透けて見える男の魂胆を直感的に読みとる女の心理が巧みに描き出されている。女をものにしたい、それもなるべく金をかけないで、という男のさもしい眼の動きを、この作家は「舐めまわすような、疑りぶかい湿った眼」と記した。女をむさぼる男たちの目つきのいやらしさが読者の肌にまでからみつくような書き方で、作中のその女は、そういう男の眼にがんじがらめにされ、どこにいても「その眼がチリチリ皮膚に焼きつく」ような感じがするという。

耳——あたりが透き徹る

森田たまの『続もめん随筆』に「耳のうしろがすきとおってさくら貝を陽《ひ》にすかしてながめるような、そういうお化粧をバスの車掌さんに望みたい」とある。観光バスでもないと女性の車掌が同乗しない現代ではなおさら難しい注文だが、たしかに想像するだけで美的なすがすがしい雰囲気が漂うような気がしてくる。

谷崎潤一郎は『鍵』で、「中国ノ婦人ハ耳ノ肉ノ裏側ガ異様ニ白クテ美シイ」という記述を思い出したことを記した直後に、「妻ノ耳ノ肉モ裏側カラ見ルト冴エ冴エト白クテ美シイ」と書き、「アタリノ空気マデガ清冽《せいれつ》ニ透キ徹ッテイルヨウニ見エル」と続ける。冴え冴えと白い耳の美しさが、周囲の空気まで透明に清冽に感じさせるという感覚的発見に、きっと読者ははっとすることだろう。

頰——陰気な笑窪

円地文子の『冬紅葉』に、「きめの細かい皮膚の下に、頰の肉が水母《くらげ》のように漂わしく指さきに揺れる弾性のない軟かさが無気味であった」とある。「漂う」「漂わす」という動詞を起源とした「漂わしい」という創作的な形容詞と、「水母」の比喩的イメージとをからめ、「弾性のない軟かさ」という病的とも言える不気味な感覚を巧みに伝える表現のように思える。

幸田文は『流れる』でまず、「雪丸はこっくりをして、にいっと笑った」と書く。このように一度「笑った」と明言した直後に、「笑ったのだろうとおもう」と断定のトーンを弱める。つまり、芸者の雪丸が笑ったように一瞬見えたものの、「笑った」と認定するのがためらわれるような頰の歪《ゆが》みが気になったのだろう。それを目のあたりにした梨花は、「こういうえくぼもあればあるものだ」と驚く。「顴骨《けんこつ》から顎《あご》へかけて長い深い溝が両頬へぐいっと吊《つ》った」、客観的にはそう見えたという。状況から「笑窪《えくぼ》」のはずだと頭では解釈しながらも、見た感じは「刀痕《かたなきず》と云うよりほかもない」ので、「陰気なおそろしいえくば」だと、ぞうっとする。「斬られた顔としかうけとれない陰惨な笑顔」だ。その「笑って美しさの消える顔」を見ながら、梨花は「雪丸の不幸が笑っているようなものである」と考えるのである。

鼻――顔中にはびこる

印象的な鼻の描写は『吾輩は猫である』に誇張して描かれ、登場人物だけでなく読者にとっても笑いものになっている、あの金田夫人の偉大な鼻だけではない。

永井荷風の『おかめ笹』には、「小鼻の開いた大きな鼻ばかりが一段目立って顔中にはびこっている」という例が出てくる。好ましくない雑草や勢力や病気などが勢いよく広がることを意味する「はびこる」という動詞を採用して比喩的に揶揄《やゆ》している点が滑稽に響く。

徳富蘆花《ろか》の『思出の記』にも、「鼻が無性に大きいので、一寸《ちょっと》見ると顔中鼻ばかりかと思われる」という例も同様だ。顔の表面積のほとんどを鼻が占め、他の部品は目に入らないという意味だから、顔よりもまず鼻が真っ先に浮かんでくるほど、巨大な鼻が印象的なのだろう。

宮地嘉六の『煤煙の臭い』に出てくる「素的に偉大な鼻」は、形だけでなく音も凄《すご》い。巨大な鼻が「約五秒置き位に自動車の警笛に似た発声と共に異様な震動を起す」とある。昔、欧州旅行の際、ウイーンからブダペストへ向かうドナウ川下りの折、船のエンジン音を抑えて響き渡る乗客の豪快な鼾《いびき》に鼓膜の震えた体験上、感覚的に想像はつく。「警笛」の比喩、「震動」という誇張が、表現上の効果を上げている。

口 ――皮がむけて来そう

志賀直哉は『暗夜行路』で、「赤児《あかご》は指でも触れたら、一緒に皮がむけて来そうな唇を一種の鋭敏さをもって動かして居たが、それを開けると、急に顔中を皺《しわ》にして泣き出した」と書いている。「顔中を皺にして」というあたりにも比喩的な誇張が感じられるが、それよりも唇の描写が印象的だ。赤ん坊のやわらかい唇にそっと指をふれると、唇の皮が剝《む》けてその指にくっついてくるような気がするほど、頼りない唇の薄い皮膚なのだという。読者がはっとするほど、繊細な感覚的想像がまぶしい。

川端康成は『雪国』のヒロイン駒子について、「小さくつぼんだ唇はまことに美しい蛭《ひる》の輪のように伸び縮みがなめらかで」と書いている。美しい唇の喩えに「蛭」などというマイナス評価のイメージを選んだこの比喩に、まず読者はとまどう。それに続く「黙っている時も動いているかのような」という比喩も、ぬめぬめした感じをよく伝えるような気がする。そうして、「あの美しい血の滑らかな唇は、小さくつぼめた時も、そこに映る光をぬめぬめ動かしているようで、そのくせ唄につれて大きく開いても、また可憐に直ぐ縮まるという風に、彼女の体の魅力そっくりであった」と、奔放な連想は全身に及ぶのである。

歯　――さりげなくキラリと

三島由紀夫は『橋づくし』で、粋筋に女中奉公することとなった東北出身の山出しの頑丈な女をこう描写する。「口をどんな形にふさいでみても、乱杙歯《らんぐいば》のどの一本かがはみ出してしまう」という。歯並びの悪いのを外から見えないように口を閉じてみても、すべての歯を隠しきれず、どの一本かはどうしてもはみ出してしまう、というのである。

永井龍男は『「あいびき」から』に、「犬歯より奥の方に、さりげなく入れた金色の歯は、ことに二十三、四以上の或る年齢の女性の場合、談笑裡《り》にそれのキラリとかい間見られるのは、貴女《あなた》が身を以て証明さるる如く、好ましいものであります」と書いている。美しい歯をそれとなく見せる女性のふるまいだ。一般に、美しさを丸出しにするのではなく、ちょっとした拍子にちらりとのぞくように配慮するたしなみである。思いがけない出合いが見る人の感性を心地よくくすぐるのだろう。

顎——ふくふくと

中勘助の『銀の匙《さじ》』に、女の子が桜桃《おうとう》を食べるようすを、男の子が息を止めてじっと見つめる場面がある。「美しいさくらんぼが姉様《ねえさま》の唇に軽くはさまれて小さな舌のうえにするりと転《まろ》びこむのを眺めている」というのがそれだ。「するり」という擬態語で描き、「転がり込む」とせずに「まろびこむ」と雅《みやび》を感じとるのも、そこに目が釘づけになっている男の子の主観である。口の中で桜桃を噛《か》むと、それにつれて自然に顎も動く。じっと見つめているうちに、そういう動きにも視線を吸いとられ、「貝のような形のいい腭《あご》」というふうに、美しい貝を連想しては、それが「ふくふくとうごく」ように感じる。まさに直接それを見つめている感覚が描写の土台になっている。美しい顎がやわらかな動きを見せ、眺めている人をしあわせな気分に誘う。そんな状況を想像するとき、ここの「ふくふく」という独創的な擬態語が絶妙の働きをしていることに気づく。読む側も思わず福々しい顔になっているかもしれない。

幸田文の『流れる』には、年齢を重ねるにつれて顎にも冷酷な変化が生じる事実にふれる一節がある。「染香がコロッケパンをたべる横顔」を見て主人公の梨花が憐れをもよおす場面だ。「もぐもぐとやるたびに顎骨が形なりに浮き出して見え」るようになったのは肉が落ちてきたからであり、「なんとも傷ましく眼を刺す」という。「若くさえあれば」顎骨の形で他人に憐れまれることは起こらないから、「若さは神の恵み」だとつくづく思う。同じ作品に、「あんたへの置土産《おきみやげ》」と前置きして、「下顎が出っぱってるとせりふに凄《すご》みがつかない」と言い残し、「ご機嫌よう」と立ち去る、威勢のいい場面も出る。言われてみれば、たしかにそんな気がするから不思議だ。感覚的に納得しつつ、つい笑ってしまう。

顔 ――のっぺらぼう

夏目漱石の『草枕』に、「此《この》僧は六十近い、丸顔の、達磨《だるま》を草書に崩した様な容貌を有している」という奇妙な描写が現れる。文字ならぬ達磨という人間の顔を草書体に崩すなどという、次元を超えた不思議な発想に、読者はもうむずかしい顔をして曖昧な笑みでも浮かべるほかはない。典型的な絵の達磨は極端に厳《いか》めしい面魂《つらだましい》に描かれている、それを飄々《ひょうひょう》とした雰囲気に緩めたような感じの容貌、漱石はそんなイメージを浮かべたのかもしれない。楷書体の表現とは縁遠い、なんだか隷書《れいしょ》体《たい》の比喩とでも名づけたくなる。

内田百閒の随筆『山高帽子』に、顔のやたらに長い友人から、「貴方《あなた》の顔は広い」と評される話が出てくる。「一月ぐらい前から見ると、倍ですよ」とまで言われ、「寝てばかりいるから太るんです」と一言釈明したら、相手は「いやいや、それは太ったと云う顔ではありません。ふくれ上がっているのです。はれてるんです。むくんでるんです」と、次第に病的な方向へと畳みかけて攻め立てる。その勢いに押されて「思わず自分の顔を撫《な》でた」ところ、「もう一息でのっぺらぼうになる顔です」と敵の決定打を浴びたという。

室生犀星の『舌を嚙《か》み切った女』に、「顔色に斑点のようなあお白さが、最初はぼつぼつに現われはしたものの、次第にその斑点はそれぞれに溶け合って全面を覆」うようになった女が登場する。犀星はそこに読者が想像だにしない比喩的イメージを持ち込むのだ。なんと、「お臀《しり》のような蒼白《あおじろ》い顔の女になった」と書くのである。「顔」を「尻」に見立てるこの大胆な発想に読者は呆《あき》れ返るが、皮膚の色彩という一点だけに限ればあり得ないこともない。

頸――薄黄色いかげり

井上靖の『猟銃』に「襟足の手入れが行き届いてレモンの切口のようにすかあっとして」という印象的な描写が出る。「すかあっと」という胸のすくような擬態語の響きが、「レモンの切口」というすがすがしい比喩的イメージを掲げて、清潔感を際立たせる。
横光利一の『上海《シャンハイ》』に「生毛《うぶげ》の生えているお杉の首もとから、黒い金魚のようななまめかしさを感じて来た」という比喩表現が現れる。この「黒い金魚」というイメージは、その首との類似というより、異様ななまめかしさの象徴として選ばれたのかもしれない。

その新感覚派の盟友であった川端康成の『千羽鶴』に話を移そう。ヒロイン太田文子は、純真無垢で無抵抗な性格とともに、色白の長めな首が印象的だ。「のどから胸になる、そこのくぼみに、薄黄色いかげりがあった」と菊治は見てとる。首に感情が映ることもあり、「令嬢のはにかみの色はなお濃くなって、色白の長めな首まで染まって来た」ことに菊治はとまどう。時に薄い黄色のかげりを見せ、時にははにかんで紅く染まる。菊治の眼に文子の首は表情ゆたかに映るのである。

肩 ——鬱陶しい触感

『千羽鶴』の主人公三谷菊治の父親の女であり、その文子の茶の師匠でもある栗本ちか子は、対照的に醜悪な面が好んで描かれる。「手をついて首を上げると、骨太の両肩が怒《いか》って、毒を吐くような形に見えた」とあるのは、その一例だ。毒を吐く魔性《ましょう》の女の姿に見えるのは、父の女として見た幼い日の記憶が抜けないからだろう。

三島由紀夫の『橋づくし』のラストシーンを覗《のぞ》いてみよう。陰暦の八月十五日の夜、願をかけて口を利かずに七つの橋を渡りきると願い事が叶うという風習があったらしく、花柳界に生まれ育った大学生の満佐子は、二人の芸者と毎年その行事に参加している。今年はそこへ新入りの女中がお供に加わった。「みな」という名の用心棒みたいな発育のよい山出しの女だ。途中、一人は腹痛を起こし、一人は知人に声をかけられて、芸者たちは相次いで落伍《らくご》する。いつもの仲間が脱落し、一人になった満佐子は、後ろからついて来る「悠揚《ゆうよう》せまらぬ足音が、嘲《あざけ》るように自分をつけてくる」気がして、落ち着かない。

ようやく最後の橋にさしかかり、ほっとして橋のたもとで手を合わせたとき、身投げを疑った警官に声をかけられる。話せば願が破れるので口を閉じたまま、みなのワンピースの裾を引っぱって説明するよう促すが、お供は気が利かない。満佐子は仕方なく、ともかく橋を渡ってから釈明しようと走り出すが、「逃げる気か」と叫ぶ警官に、「逃げるなんてひどいわよ」とうっかり声を出してしまう。「願い事の破れたのを知って、橋のむこうを痛恨の目つきで見やると」、すでに自分だけ渡り終えたみなが最後の祈りをしている姿が見える。

後日、あのとき何を願ったのか、満佐子が聞き出そうとしても、相手は薄笑いを浮かべるだけで反応がない。「憎らしいわね」と「みなの丸い肩をつついた」。しかし、「その爪は弾力のある重い肉に弾かれ、指先には鬱陶しい触感が残って、満佐子はその指のもってゆき場がないような気がした」として、三島は短編を閉じる。感覚描写が絶妙の心理描写となる比喩的転換の瞬間を味わいたい。きっと読者もそんな気分を味わうことになるだろう。

乳　――ありがたいふくらみ

川端康成の『雪国』に、島村が駒子の乳房を求めるシーンが出てくる。手が懐に入ると、「女は両腕を閂《かんぬき》のように組んでもとめられたものの上をおさえた」。しかし、やがて島村の手は求めるものをつかむ。作者はそこで、「掌《てのひら》のありがたいふくらみはだんだん熱くなって来た」と、極度の婉《えん》曲《きょく》表現を用いている。「ありがたいふくらみ」、感覚的、心理的に、あれはたしかにそんなものかもしれない。「母のようなものさえ感じた」と島村が思うのも、性愛的な対象であることを超えて、それが人間の安心感、根源的な拠《よ》りどころとなっていることを思わせる。

平林たい子は『鬼子母神』で、小さな女の子の胸を比喩的にこう描写している。「七月の葡萄《ぶどう》の粒のような小さい二つの乳は、これでもこの中に豊穣《ほうじょう》な稔《みの》りを約束する腺や神経が絹糸ほどの細さで眠っているのだと思えば、蕾《つぼみ》の時から実の形をつけている胡瓜《きゅうり》や南瓜《かぼちゃ》のなり花のように、こましゃくれて見えた」と流れるのが、その例である。「七月の葡萄の粒」「絹糸」「腺や神経が眠る」「胡瓜や南瓜のなり花」といった多様なイメージをちりばめた比喩で奔放に展開するくだりだ。

そのあと、子供の小さな薄い胸ながら、将来の成熟した女性の豊かな胸の可能性を秘めていることを想像し、そういう目で見ると、「こましゃくれて見えた」と作者は記した。その対象自体が大人のそれと類似しているというより、それを観察する人間側の想像力の働きで実現する、それこそ創造的な比喩表現であると考えてみたい。

腰――牛乳瓶のよう

二葉亭四迷の『浮雲』に、「背はスラリとして風に揺めく女郎花《おみなえし》の、一時はくねる細腰もしんなりとしてなよやか」という腰の描写がある。細くしなやかな胴体から「女郎花」を連想するのは、今ではいささか時代がかって感じられるかもしれない。

細い腰を比喩的に「やなぎ腰」と呼んだが、これは「柳腰《りゅうよう》」という漢語を訓読みしたことばらしい。そういえば、堀田善衛の『香港にて』に「ほんとうに柳のような腰をした若い歌妓《かぎ》」という比喩表現が使われている。

円地文子の『耳瓔珞《みみようらく》』に、病気の前より一皮ぬきすべらしたようにすっきり細くくびれた滝子の腰の線」という描写が出てくる。古語めいた雰囲気のある「ぬきすべらす」という動詞は「抜くように滑らせる」といった意味合いだろうか。いずれにせよ、衣でも脱ぐようになめらかに一皮むけた感じなのだろう。

その反対に、腰のくびれのはっきりしない胴体もある。高見順の『故旧忘れ得べき』に、「胴体は牛乳瓶のように丸く、腰のくびれが全くといっていいほど無かったから、どこから足がはじまるのだか分からない、ずんべら棒の身体《からだ》をしていた」とあるのがそれだ。腰にくびれが見当たらず、上から下まで太さの変わらない、全体として円筒形の胴体を「牛乳瓶」のイメージに託した比喩表現である。体型の想像はできるが、どこから脚が始まるのかわからないという誇張が読者の笑いを誘う。

手――甘やかされ

室生犀星の『性に目覚める頃』に「指はみな肥り切って、関節ごとに糸で括ったような美しさを見せていて、そのなまなましい色の白さが、まるで幾匹かの蚕が這《は》うてゆくように気味悪い」とある。「指」を「蚕」に見立てた比喩だ。

大岡昇平の『野火』には、「私が生れてから三十年以上、日々の仕事を受け持ってきた右手は、皮膚も厚く関節も太い」と、長い間右手ばかり使ってきただけに、すっかり逞《たくま》しくなったことを述べるくだりがある。それと対照的に、長期にわたって「甘やかされ、怠けた左手は、長くしなやかで、美しい」と自讃し、その「左手は私の肉体の中で、私の最も自負している部分である」と強調する。右手が使い古されて荒れたり硬くなったり、あるいは磨り減ったという理屈ならわかるが、そのために左手の指が標準以上に長く美しく保たれるという理屈はそのまま通らない。ただし、「甘やかされ、怠けた」と自嘲気味に擬人化した書き方によって、うっとりとその左手を眺めて自己陶酔に陥っているという印象を免れているように思われる。

黒井千次の『群棲《ぐんせい》』の第六話「窓の中」に出てくる長い指も印象に残る。「はがきの端を持つひどく長い指が奇妙に反りかえり、陽に当ったことのない内臓のように生白い」とある。「ひどく」「奇妙に」「生白い」といったマイナス評価の語が連続し、また、内臓のイメージを持ち込む比喩も不気味な感じを与える。指の生白さに「内臓」を連想するこの人体描写から、「その指先で、どぎつい濃紺に煮つめられた海が四角くテラテラと光っていた」という自然描写に展開することにより、内臓を連想させる生白い指がひときわ存在感を高めているように思われる。

脚 ——無防備な膝の裏

三浦朱門の『箱庭』で、細密画のような脚の執拗《しつよう》な描写が試みられている。「百合子はちょっとO脚の気味がある」と始まり、「ボッタリ肉のついた腿《もも》が二本、太い指のように並んでいて」と、腿を「指」に見立てる比喩が続く。そして、「膝と膝の間は雑誌がはさめるくらいすいている」と、雑誌の厚みを基準にO脚の度合いを記述する。

次に背後から眺めたその脚部の描写へと移り、「ふくらはぎの肉が脚の外側からはりつけたように並んでいて」と、「はりつける」というイメージの比喩を用い、「それが次第に細くなるあたりでは一点に集まるような感じに、左右の踵《かかと》がピタッと合っている」というふうに、幾何学的な説明をほどこす。今度は膝の裏側の描写に移り、「日に当らないために生白く、のっぺりと平らで、青い血管が何本か見える」と、その部位の色彩、形状、それに、透けて見える血管の色まで写生する。

そこから、感覚的な印象に転じ、「形も色もあまりに無防備で、つい先刻まで、そこに何かがはりついていたのを、むりやりはがして、はじめて外気にさらされた、という感じがする」と続けるのだ。膝の裏が「無防備」なのは、かなり意識過剰な女性でも、まさか膝の裏側が他人の視線に曝《さら》されるとは思ってもみないだろうから、いわば油断があって、どうしてもそこまで神経が行き届いていないからだろう。また、ぴったり貼りついていた覆いを剝《は》がして「はじめて外気にさらされた」ような感じがするというのも、なんだかわかるような気がする。初々しいなかに、どこか不安げで、かすかな恥じらいも感じられる。

肌——とろとろと飴のよう

永井荷風は『腕くらべ』で、「その肌の滑かさいくら抱き〆《し》めて見ても抱き〆めるそばからすぐ滑り抜けて行きそうな心持」と書いている。表記はいささか古めかしいが、いくら抱きしめようとしても、抱きしめるそばから、するりと滑り抜けてしまいそうな気がするほどの、肌の極度のなめらかさ、そういう感覚は現代の読者にも想像がつくだろう。

また、「丁度頃合な締りのいい肉付にはおのずから微妙極る弾力があって抱き〆める男の身体にすべすべとしながらぴったりと隙間なく吸いつく」という箇所もある。「すべすべ」という擬態語の働きと、「吸いつく」という感覚的な誇張表現が融け合いながら、読者の全身に流れこむような筆致である。

なにしろ、「菊千代の肌身はとろとろと飴《あめ》のように男の下腹から股の間に溶け入って腰から背の方まで流れかかる心持」だというのだ。「流れかかる」のだからたまらない。読みながら神経がとろけ、理性も感性も眠ってしまいそうになる。「飴」という比喩イメージ、「とろとろ」という擬態語、「溶け入る」「流れかかる」という感覚的な誇張表現などの相乗効果なのだろう。

幸田文の『流れる』に登場する芸者の雪丸、その姿がしっとりと描写されている。「雪丸がくる」として、その姿を見た主人公の梨花の印象が感覚的に記される。「おちついた奥様というつくり、あがって来る裾のあたりが水気を含んでいるんじゃないかと疑われるくらい、からだじゅうにしとっと軽くないけはいがある」というのである。着物の裾のあたりに水気を含んでいるように思うほど、しっとりとした感じに見えたのだろう。「軽くないけはい」という玄人好みの一句を得て、感覚描写の奥行が増したように思えてならない。

同じ作家の『黒い裾』から、もう一例引いておきたい。「女も二十五を越すと、内面的な美や個性的な光りはふえるけれど、肩さきや後ろつきの花やかさは薄れる」という一文だ。後ろ姿から先に、花が消えてゆく、という指摘に、読者ははっとする。と、すぐ「鏡に映らない部分から老は忍び込むし、衰えは気のつかない隅から拡がりはじまる」という解説が続く。なるほどと思う。鏡に映る部分は自分で見えるから、衰えに気づきやすい。だから、ある程度はその対策も可能なはずだ。自身の後ろ姿はふだん見えないから、老け込んでも気づかずにいる。そして、何かの拍子に自分で気がついたときには、もう取り返しのつかないところまで老いが進んでしまっているのだろう。

この項の最後に、井伏鱒二『珍品堂主人』のラストシーンをとりあげよう。学校の先生が骨董《こっとう》の趣味が高じて骨董商売を始めるが行き詰まる。そこに金を出す人が現れ、支配人として料亭を任される。凝りに凝った甲斐《かい》あってその途上園は繁昌《はんじょう》するが、顧問格に迎えた茶の師匠蘭々女に弱みを握られ、ついには店からいびり出されてしまう。夢やぶれ、ふたたび骨董の道に舞い戻る。「例によって、禿頭《はげあたま》を隠すためにベレー帽をかぶり、風が吹かないのに風に吹かれているような後姿に見えているのを自分で感じているのでした」と、その落魄《らくはく》の珍品堂の思い屈した後ろ姿を描いて作品は閉じられる。

この小説が映画化された折、「風が吹かないのに風に吹かれているような後姿」の感じがうまく出せればそれでいいと井伏は言ったという。そういう思い屈した姿に作品の全文脈が流れこんでいると作者は考えたのだろう。主人公がそういうふらふらした後ろ姿を気にしながら歩き去る、そんな絶対的な時間をつくりだして作品はうっとりと結びかけるが、見得《みえ》を切って姿よく一編を結ぶことに照れるこの作家は、そこにわざわざ下痢のために衰弱していることを添えて、せっかくの雰囲気に水をさす。はにかみの文学、井伏流の「粋」という不思議な芸なのだろう。

印象――夜の川

人の姿が何に象徴されるかとは別に、なぜか瞬間的に浮かぶ直観的な印象というものがある。川端康成は『千羽鶴』の中で、「菊治のむかむかする嫌悪のなかに、稲村令嬢の姿が一すじの光のようにきらめいた」と書いている。未完に終わったこの小説で最後まで菊治から遠い存在として描かれた稲村ゆき子に対する、とっさの印象が「光」だったのだろう。それはあくまで、自分を「闇の生きもの」と見る菊治の主観に映った一瞬の影としてである。

同じ川端が、呉秀哉名人の最後の対局を描いた作品『名人』に移ろう。目の前の姿を見て「幽鬼じみている」と書く。死者の霊魂が人の姿で現れたなどと本気で考えているわけではないが、「幽鬼」という連想が働いたのは、老いた名人の姿が生きている人間のように見えなかったからだろう。「名人は放心しているのだが、上体は盤に向っていた時から崩れない」と、不思議な気持ちで眺めていた。その印象を、はっとするような比喩で、簡潔に淡々と記した。「余香のような姿である」という思いがけないイメージが読者の前で閃《ひらめ》くのである。

「余香」にしろ「余薫」にしろ、要するに「残り香」であり、あとにまで残る匂いをさすから、その薫りを発した本体は今そこに存在しないという印象が生じる。ついさっきまでそこに在ったものが発した香気がまだ漂っているという雰囲気が芽生えるのである。今われわれが目にするのは、あの名人の生きた姿というよりも、その抜け殻のように見え、それでも不思議な存在感を保っているように思われるのかもしれない。

永井龍男の『風ふたたび』に、ヒロインの久松香菜子について、川並陽子がこんな感覚的な人物像を展開する場面がある。「ね、分かるでしょう、夜の川。なんて云うのかな、黒々と、静かに流れて、そばにいると、引き込まれそうになる」というのが持論で、本人に向かっても、「夜の川よ。

暗いかと思うと、明るく灯がうつってる。じっとしているのかと思うと、流れてる。そばへ行くと、引っ込まれそうな気になる」と説明し、「あなたはそうなのよ」と決めつけるのだ。いろいろと尤《もっと》もらしい論拠を並べてみせるが、どれも後づけの感じが拭えない。「あなたは夜の川よ」という比喩の核心部分はなぜか瞬間的な印象だったように思えるからである。

美――詩は小説の息

多角的に人に関する比喩を分類してきた最後に、人間の美的ないとなみである芸術や文学に関する感覚的な寸評をフラッシュのようにちりばめて、この本の幕を下ろそう。

三島由紀夫は『金閣寺』で、「美というものは、そうだ、何と云ったらいいか、虫歯のようなものなんだ。それは舌にさわり、引っかかり、痛み、自分の存在を主張する」という、「虫歯」を比喩イメージとした、きわめて個性的な見解を披瀝《ひれき》する。「美」が自己の存在を主張するという最後の一点については、まったく別の見解もある。

それよりずっと前の一九二八年に、改造社版「現代日本文学全集」の第二十五巻『志賀直哉集』の刊行にあたって草した作者自身の序文に、「夢殿の救世《ぐぜ》観音を見ていると、その作者というような事は全く浮んで来ない。それは作者というものからそれが完全に遊離した存在となっているからで、これは又格別な事である」とし、「文芸の上で若《も》し私にそんな仕事でも出来ることがあったら、私は勿論《もちろん》それに自分の名などを冠せようとは思わないだろう」という珠玉の一文を記した。

稲垣足穂は『弥勒《みろく》』で、「芸術は花束のよう」と書き、また、「喩えば青白い雨の明け方の硝子戸のあいだで鱗粉《りんぷん》を飛ばせている瀕死《ひんし》の蛾《が》である」とも書いている。「花束」のイメージはわかりやすいが、「瀕死の蛾」のイメージは難解だ。芸術の「美」は「意図」や「目的」としてではなく、そうせざるを得ない状態であがいている間に、作者の意識を超えてたまたま光りだす、あくまで偶然の成果なのだ、という直観の閃きかもしれない。

太宰治は『人間失格』で「タッチの手本を、印象派の画風に求めても、自分の画《か》いたものは、まるで千代紙細工のようにのっぺりして、ものになりそうにありません」と、「千代紙」のイメージで「のっぺり」した感じを感覚的に表現した。

清岡卓行は『初冬の大連』に「胸に抱きしめた音楽は耳に聞こえるだけでなく、直接肺や心臓にもひびいてくる」と書き、「まるで可憐な生物の鼓動のように」と、音の響きを「生きもの」のイメージに託して波を起こし、じかに読者の肉体を揺らす。

詩人から出発した室生犀星は、小説『杏っ子』の中で、「詩って小説にない小説の息みたいなものなのね」と、まさに感覚的な比喩で「詩」の本質をとらえようとする。詩とは何かという問いに正面きって答えるのは至難の業だが、縷々《るる》説明してもきっと要領を得ない微妙な問題について、「小説の息」というイメージで、一瞬のうちに、わかった気分に誘う。

高田保は『我輩も猫である』で「実話には骨があるが、詩には肉しかない」とし、「がちりと歯を当てて嚙《か》みこなす快味は到底詩の及び得ぬところ」と言う。感覚的によくわかる。

井上友一郎『ハイネの月』に、高山樗牛《ちょぎゅう》の『わがそでの記』を「ソプラノだ。しらべ高い女のこえだ。そしてまず楽器でいえばヴァイオリンだ」と評する。朗々誦すべき美文だというような意味かもしれない。

三浦哲郎は随筆『一尾の鮎《あゆ》』を「私は、短編小説を書くとき一尾の鮎を念頭に置いている」と始め、「短篇仕立ての章をいくつも繫《つな》いだ鈍行列車のような」小説ではなく、「願わくは書くものすべてが生きのいい鮎のようであれ」と一文を結ぶ。「無駄な装飾のない、簡潔で、すっきりした」姿を心がけ、「早瀬に流されない力を秘め」、「時折ひらと身を躍らせて見る人の目に銀輪の残像を留めるような作品」をめざすとイメージゆたかに描いている。

［著者］ 中村 明（なかむら・あきら）

1935年9月9日、山形県鶴岡市の生れ。国際基督教大学助手、国立国語研究所室長、成蹊大学教授を経て、母校の早稲田大学教授となり、現在は名誉教授。主著に『比喩表現の理論と分類』（秀英出版）、『日本語レトリックの体系』『日本語文体論』『笑いのセンス』『文の彩り』『吾輩はユーモアである』『語感トレーニング』『日本語のニュアンス練習帳』『日本の一文30選』『ユーモアの極意』『日本語　語感の辞典』『日本の作家　名表現辞典』『日本語　笑いの技法辞典』（岩波書店）、『作家の文体』『名文』『悪文』『文章作法入門』『たのしい日本語学入門』『比喩表現の世界』『小津映画　粋な日本語』『人物表現辞典』（筑摩書房）、『文体論の展開』『日本語の美』『日本語の芸』（明治書院）、『文章をみがく』（NHK出版）、『日本語のおかしみ』『美しい日本語』『日本語の作法』（青土社）、『比喩表現辞典』（角川書店）、『感情表現辞典』『感覚表現辞典』『分類たとえことば表現辞典』『センスをみがく文章上達事典』『日本語　描写の辞典』『音の表現辞典』『文章表現のための辞典活用法』（東京堂出版）、『漢字を正しく使い分ける辞典』（集英社）、『新明解　類語辞典』（三省堂）など。『角川国語新辞典』『集英社国語辞典』編集委員。『日本語　文章・文体・表現事典』（朝倉書店）編集主幹。日本文体論学会代表理事（現在は顧問）、高校国語教科書（明治書院）統括委員などを歴任。

五感にひびく日本語

2019年12月18日　第1刷印刷
2019年12月31日　第1刷発行

著者——中村 明

発行者——清水一人
発行所——青土社

〒101-0051　東京都千代田区神田神保町1-29　市瀬ビル
［電話］03-3291-9831（編集）　03-3294-7829（営業）
［振替］00190-7-192955

組版——フレックスアート
印刷・製本——シナノ印刷

装幀——桂川 潤

ISBN978-4-7917-7236-0 C0095